CHENGSHI CHUANGXIN XITONG ZHISHI ZHUANYI DE
JIZHI JI YINGXIANG XIAOYING

城市创新系统知识转移的机制及影响效应

赵大丽 ◎ 著

中国财经出版传媒集团

经济科学出版社
Economic Science Press

图书在版编目（CIP）数据

城市创新系统知识转移的机制及影响效应／赵大丽著.
—北京：经济科学出版社，2019.11
（北京城市治理研究基地学术文库）
ISBN 978 - 7 - 5218 - 1097 - 4

Ⅰ.①城… Ⅱ.①赵… Ⅲ.①城市经济 - 国家创新系统 -
研究 Ⅳ.①F29

中国版本图书馆 CIP 数据核字（2019）第 286356 号

责任编辑：侯晓霞
责任校对：李　建
责任印制：李　鹏

城市创新系统知识转移的机制及影响效应

赵大丽　著

经济科学出版社出版、发行　新华书店经销
社址：北京市海淀区阜成路甲 28 号　邮编：100142
教材分社电话：010 - 88191345　发行部电话：010 - 88191522
网址：www. esp. com. cn
电子邮件：houxiaoxia@ esp. com. cn
天猫网店：经济科学出版社旗舰店
网址：http://jjkxcbs. tmall. com
北京密兴印刷有限公司印装
710×1000　16 开　15.5 印张　200000 字
2019 年 12 月第 1 版　2019 年 12 月第 1 次印刷
ISBN 978 - 7 - 5218 - 1097 - 4　定价：56.00 元
（图书出现印装问题，本社负责调换。电话：010 - 88191510）
（版权所有　侵权必究　打击盗版　举报热线：010 - 88191661
QQ：2242791300　营销中心电话：010 - 88191537
电子邮箱：dbts@ esp. com. cn）

在知识经济和经济全球化快速发展的背景下，科技创新越来越成为增强国别竞争力的决定性因素。城市作为特殊的经济区域，直接参与国家和国际经济活动，其创新与发展成为国家创新与发展的主要引擎，直接关系到国家在世界上的科技竞争力。由于创新更多地发生于政府、高校、科研院所、企业、中介机构等各种行为主体之间的协同运作中，因而城市创新系统应运而生。创新的本质是基于知识的价值创造活动，知识是城市构建创新能力和不断获取竞争优势的战略性资源。因此，连接知识供求双方的知识转移成为城市创新和发挥知识资源效用的重要渠道，对城市创新系统运作和城市创新能力提升具有重要的影响作用。我国正处在经济转型时期，要实现经济持续健康发展，必须通过创新驱动发展的方式推进经济发展方式转变，持续提升创新能力，大力提高经济发展质量和效益。为此，国家正大力实施创新驱动发展战略和推动创新型城市建设，积极推动技术知识转移对我国科技创新和经济发展的带动作用。城市科技创新是落实我国创新驱动发展战略、实现我国创新目标的重要途径，而这需要依赖于知识转移来促进城市创新能力的提升。因此，通过知识转移提升城市创新能力，对我国加速创新型城市建设和经济发展具有重要的意义。本书研究城市创新系统知识转移的机制和影响效应，有助于增进对城市创新系统知识转移的内在机制及其对城市创新能力重要性的理解，同时可以为城市创新系统的运作和知识管理实践提供决策依据。

本书基于区域发展理论、创新理论、知识管理理论以及城市创新系统知识转移的相关研究，采用文献研究、定性研究、定量实证研究、数理模型分析等多种方法，对城市创新系统知识转移的机制及影响效应展开深入的研究和探讨。定性分析了城市创新系统知识转移的内涵、过程、方式、驱动力，探讨了城市创新系统动态联盟知识转移的微观机制、知识创造环节的内在机理以及知识转移的组织动力机制。城市包括具有行政管理职能的省域城市及其内部子区域。本书采用定量方法实证研究了知识转移对省域城市创新能力的影响关系和吸收能力在其中的中介作用。选择具有代表性的北京市为例，实证分析了知识转移对该市各城区创新能力的影响关系。本书还选择在协同创新方面具有代表性的京津冀城市群，基于数理模型，分析了该城市群城市区域内知识转移与城市区域间知识转移的交互演化关系及其对该城市群协同创新的作用机理。最后，对本书的研究结论进行梳理和总结，据此提出相应的管理策略与建议，指出本书研究的理论意义，提出了值得进一步研究的相关问题。

本书的研究内容契合我国当前大力实施创新驱动发展战略和推进创新型城市建设的实践背景，研究结果可为我国提升城市创新系统知识转移效率和城市创新能力服务，可为城市创新和知识转移的相关实践提供参考。

同时，研究结果可丰富城市创新系统知识管理问题的理论研究成果，有助于深化知识转移对城市创新影响关系的研究，并为相关问题的进一步探索提供理论基础。

本书的选题及研究得到基金项目的支持，分别是：国家自然科学基金项目（企业双元性跨项目学习的前因及影响效应：基于结构化理论，71502003），北方工业大学科技创新工程研究项目（北京市高精尖产业发展管理学理论与实务研究，19XN142），以及北方工业大学毓优人才支持计划项目（知识网络视角的知识协同创新研究，19XN135/015）。北方工业大学作为北京市属高校，多年来致力于服务北京发展，并成立于北京城市治理研究基地，专门研究北京城市发展过程中的社会经济问题。本书是这方面的研发成果之一。

本书能够付诸出版，得到了多方的指导和支持。感谢国家自然科学基金委和北方工业大学对本书的资助！感谢北京工业大学郑文堂教授、刘永祥教授、董慧凝教授等对本书撰写与出版的支持和指导！感谢参与课题研究的研究生江媛、薛莲、宋鸽、许彩箫，为本书的完成做了大量工作！感谢我的父母和家人给予我关心和支持，给予我不断前进的动力！感谢其他给我提供帮助和支持的领导、同事和朋友们！最后，本书难免存在一些不足有待进一步完善，恳请各位读者批评指正。

赵大丽

2019 年 10 月

目录
CONTENTS

第一章 绪 论

CHAPTER 1

第一节 研究背景

随着经济全球化的快速发展和科学技术的日新月异，科学技术越来越成为推动经济社会发展的主要力量，创新已是驱动国家经济发展的根本动力。在我国，创新是国家发展的重要战略支撑，创新驱动发展是发展经济与强国的一项重大战略。创新驱动发展战略是通过以科技创新为核心的全面创新推动经济持续健康发展的战略，其基本内涵是指，创新成为引领发展的第一动力，科技创新与制度创新、管理创新、商业模式创新、业态创新和文化创新相结合，通过依靠持续的知识积累、技术进步和劳动力素质提升，促进经济向形态更高级、分工更精细、结构更合理的阶段演进。

党的十八大以来，以习近平同志为核心的党中央高度重视实施创新驱动发展战略，于 2015 年 3 月制定印发了《关于深化体制机制改革　加快实施创新驱动发展战略的若干意见》。2016 年 5 月，中共中央、国务院印发的《国家创新驱动发展战略纲要》提出，中国到 2020 年进入创新型国家行列，到 2030 年跻身创新型国家前列，到 2050 年建成世界科技创新强国，成为世界主要科学中心和创新高地。[①] 2017 年 10 月，党的十九大报告提出："创新是引领发展的第一动力，是建设现代化经济体系的战略支撑……加强国家创新体系建设，强化战略科技力量。深化科技体制改革，建立以企业为主体、市场为导向、产学研深度融合的技术创新体系，加强对中小企业创新的支持，促进科技成果转化。倡导创新文化，强化知识产权创造、保护、运用……"。[②] 其中，报告 10 多次提到科技、50 多次强调创新。

在经济全球化快速发展的背景下，国际竞争日益激烈，且日益体现为以科技创新能力为主的国别竞争。城市作为直接参与国家和国际经济活动的基本单位，在国家及全球的地位变得日益重要，城市创新与发展成为区域与国家创新与发展的主要引擎。近年来，我国逐步落实区域经济协调发展战略，不断推进城市群经济发展和城市化进程，许多城市提出科技创新、构建创新体系、增强自主创新能力等相关政策措施，建设创新型城市和城市群创新圈。科技创新能力作为城市和城市竞争力的灵魂，是城市价值收益和福利财富的源泉，对城市综合竞争力贡献最高（倪鹏飞等，2011）。依靠城市科技创新推动经济发展，是落实国家创新驱动发展战略的重要途径，也是推动城市治理创新的重要基础。其中一个明显的体现是，科技创新推动了城市资源利用方式的创新。共享经济就是一个典型的例子。互联网出行平台有助于充分发挥交通工具的效用，能够降低出租车空驶率、提高私家车利用效率，带来了实实在在的减排效益。共享平台亦能使家具、电器等二手物品得以流转使用，减少了资源闲置，提高了资源

---

① 中共中央 国务院印发《国家创新驱动发展战略纲要》［EB/OL］. http：//www. gov. cn/gongbao/content/2016/content_5076961. htm，2016 - 05 - 19.

② 习近平十九大报告（全文）［EB/OL］. http：//news. sina. com. cn/o/2017 - 10 - 18/doc-if-ymyyxw3516456. shtml，2017 - 10 - 18.

利用效率。另外，科技创新给大城市治理带来了新思路和新举措。近年来，大数据、云计算、物联网和人工智能的快速发展为大城市优化内部治理结构提供了强大的技术支撑。以最为常见的马路摊贩治理为例，传统做法是采用"一刀切"方案。但是，新技术的出现带来了新的治理方案。采用大数据方法，基于交通、天气等信息，可以精确计算可以摆摊的路段和时段，同时综合利用 GPS 定位、城市道路监控、用户评价和移动支付等手段，可以降低马路摆摊的监督成本。也就是说，借助这些高科技手段，能让摊贩留下来、且更有秩序地摆摊。这既不影响城市市容，还能提供合适的工作机会，有助于社会稳定。显然，新的马路摊贩治理方案比传统的"一刀切"方案更有实效。因此，城市科技创新有利于增强城市的公共服务供给能力。

在知识经济时代，全球经济增长方式在发生根本性变化，以往主要依靠要素投入的粗放型经济增长模式已经难以为继，知识资源已成为驱动城市创新的关键资源。这是因为，创新的本质内涵是基于知识的价值创造活动。知识是各城市的战略性资源，是城市构建创新能力的重要资本，是城市科技创新和不断获取竞争优势的源泉，是解释各城市之间经济增长存在差异的最重要因素（胡鞍钢和熊义志，2000）。也就是说，城市的竞争不仅取决于静态的相对成本优势，更取决于动态的创新能力，知识及知识创新成为城市经济发展的主要动力源。相应地，城市经济发展产业集聚的驱动力逐渐由原来静态的地理邻近性、规模经济和范围经济转向动态的学习与知识创新，这与城市动态创新能力构建密切相关。因此，近年来，城市发展研究的重点开始转向并聚焦于知识在构建产业和城市竞争力中的作用以及区位在城市区域学习与知识创新中的作用。

而知识转移是实现城市学习与知识创新的重要渠道，对城市创新能力提升具有重要的影响。从城市区域内部的知识转移看，某一企业或科研机构在进行知识创新时，会面临自身知识有限及核心能力积累刚性的问题，因而需要从城市内部的其他创新组织获取和转移有用的新知识。从城市之间的知识转移看，比如，具有自然资源禀赋的城市往往在制造业方面的技术比较发达，但其研发能力和创新知识相对欠缺，在技术创新过程中需要从外部的其他城市获取有用的知识资源，并进行消化吸收和再创造。这不仅可以突破各城市内部知识资源有限的约束，还可降低城市内部的研发成本，提高城市技术创新速度，甚至还可避免各城市只在某个路径上积累知识而导致的技术创新核心刚性问题。[①] 因此，连接知识供求双方的知识转移活动，能够通过促进知识流动，有效地"盘活"各城市内外部的知识资源，实现城市创新与平衡发展。欧盟委员会发布的题为《2020 技术性变革的区域影响》研究报告就提出，基于知识和技术的区域地位主要取决于区域的知识获取、知识吸收以及知识和技术扩散等知识转移能力（Dunnewijk et al.，2010）。所以，在科技创新实践需求的推动下，我国各城市及其创新主体不仅要基于自身拥有的知识进行自主技术创新，还要积极地与外部环境进行知识转移和开放创新，以加强自身的综合创新能力。

从保障机制看，国家正在大力鼓励和颁布相关政策来推动技术转移对我国科技创新和经济发展的带动作用。国务院办公厅在 2016 年印发的《促进科技成果转移转化行动方案》中提出，"十三五"期间将建设 100 个示范性国家技术转移机构，以支持科技成果转化和实体经济发展。[②] 2017 年 9 月 26 日，国务院印发《国家技术转移体系建设方案》，首次提出"国家技术转移体系"的概念，并提出到 2020 年基本建成适应新形势的国家技术转移体系，到 2025 年全面建成国家技术转移体系，使科技成果的扩散、流动、共享、应用更加顺畅。随着一系列技术转移政策的出台，我国技术创新的市场活力明显增强。截至 2018 年 12 月 31 日，全国登记的技术

---

① 技术创新核心刚性是指"依托于技术创新而形成的、对现有创新模式产生强化作用、而对新的创新模式形成阻碍的因素"（陈华和刘静华，2008）。

② 国务院办公厅关于印发促进科技成果转移转化行动方案的通知 [EB/OL]. http://www.most.gov.cn/yw/201605/t20160520_125686.htm, 2006 – 05 – 09.

合同达 411985 项，成交额达 17697.42 亿元，同比分别增长 12.08% 和 31.83%。① 可见，对于我国城市技术创新及成果转化应用，技术知识转移是非常重要的前置因素。

北京市作为全国科技创新中心，其科技创新成效显著，知识转移现象突出。比如，海淀区中关村科技创新资源集聚，不断地往石景山、昌平、大兴等城区转移。为有效促进知识转移，政府出台了相关政策。2016 年 9 月，国务院印发了《北京加强全国科技创新中心建设总体方案》，其中强调发挥高等学校、科研院所和大型骨干企业的研发优势，集成中央在京科技资源，加强研究开发、技术转移，构建跨界创新合作网络。北京市及时将这一"设计图"变成"施工图"，与科技部共同组建北京推进全国科技创新中心建设办公室，共同推进中关村科学城、怀柔科学城、未来科学城、创新型产业集群和"中国制造 2025"创新引领示范区的建设。2016 年 12 月，北京市政府印发《北京市促进科技成果转移转化行动方案》，旨在通过促进科技创新知识转移及成果转化，推动全国科技创新中心建设。2017 年 12 月，北京市政府出台了加快科技创新、构建高精尖经济结构的系列文件，即《北京市加快科技创新发展新一代信息技术等十个高精尖产业的指导意见》，提出要着力培育科技推广与技术转移服务业，搭建技术转移网络体系，激发高等学校、科研机构技术转移活力，发展壮大市场化技术转移服务机构。2018 年 1 月，《北京政府工作报告》提出要全力推进全国科技创新中心建设，加快构建高精尖经济结构，还提出了"落实以增加知识价值为导向的分配政策"。可以看出，技术知识转移对于北京市科技创新是至关重要的。

国务院印发的《北京加强全国科技创新中心建设总体方案》还强调

---

① 科学技术部火炬高科技产业开发中心.关于公布 2018 年度全国技术合同交易数据的通知 [EB/OL]. http://www.innocom.gov.cn/kjb/tzgg/201901/649863a8cda948b79ef4604f6d07bfd6.sht-ml，2019 - 01 - 18.

"推进京津冀协同创新，培育世界级创新型城市群。充分发挥北京全国科技创新中心的引领作用，构建京津冀协同创新共同体，打造世界级创新型城市群"。京津冀协同创新发展是落实国家区域协调发展战略的一项重大工程，是确保区域一体化可持续发展和提升区域整体优势的重要决策。习近平总书记对京津冀协同发展提出"完全能够相互融合、协同发展"的希冀。京津冀协同创新发展战略与政策的提出，来源于这三个城市发展不平衡、不协调的突出问题。在过去较长时间内，北京和天津作为直辖市，经济发展"一路高歌"，尤其是北京，对河北人才及其他资源的虹吸效应严重，河北与北京、天津的经济落差日益加大，导致京津冀"大城市，大农村"现象突出。三地之间的经济发展水平差距悬殊，2016 年河北省人均 GDP 为 42736 元，仅为北京的 37.3%、天津的 37.1%。从产业发展水平来看，北京已进入后工业社会，天津处在工业化后期，而河北的多数城市仍处于工业化中期或初期阶段[1]。

从知识基础观看，京津冀发展严重不平衡的根本原因是三个城市知识分布的不平衡。北京高新技术知识资源集聚、产能过剩，与周边的天津、河北之间的知识分布严重不平衡，过去较长时间的行政区划阻隔使得北京高新技术知识未能向河北、天津转移，未能带动天津、河北产业系统原有的生产要素在形态上发生"优化"运动至实现产业结构升级，导致三个城市经济发展水平差距大。近年来，三个城市的政府和相关部门不断采取措施推进三地协同创新发展，促进技术、知识、人力资源等创新要素在三地之间流动，但三个城市的知识差距和经济发展差距依然明显。显然，京津冀知识分布不平衡以及三城市之间缺乏有效的合作互动与知识转移，不利于京津冀协同创新发展和整体竞争能力提升。另外，从创新本质看，京津冀协同创新实际上是北京、天津、河北的企业、高校、科研院所、

中介服务机构、政府等参与创新的主体相互之间基于知识的合作与价值创造活动，其中，各创新主体间的知识转移与共享是一个关键环节。此外，2016 年 5 月，中共中央、国务院印发的《国家创新驱动发展战略纲要》指出，建设创新型城市要以创新要素的集聚与流动促进产业合理分工。综合而言，京津冀知识转移及其对三个城市科技创新能力的提升作用，是该城市群协调发展与创新的重要途径。因此，要构建京津冀协同创新共同体，从根本上讲，就需要推动北京高新技术知识向河北、天津转移，以此驱动河北、天津城市科技创新，并发挥北京科技创新的引领带动作用。

综上分析，对于正处于经济增长转型升级时期的中国而言，要实现经济持续健康发展，必须通过实施创新驱动发展战略加快推进经济发展方式转变，持续提升创新能力，大力提高经济发展质量和效益。城市科技创新是落实我国创新驱动发展战略、实现我国创新目标的重要途径，而这需要依赖于知识转移来促进城市创新能力的提升。因此，通过知识转移提升城市创新能力，对我国加速经济发展和创新型城市建设具有重要的意义。相应地，从知识转移角度探讨提升我国城市创新能力和经济发展水平的根本路径是非常必要的。本书将在此背景下，分析城市创新系统的知识转移机制及知识转移对我国各省域城市、北京市各城区、京津冀城市群创新能力提升的影响效应，并提出相应的治理建议。

第二节　研究问题

自从 20 世纪早期，熊彼特将"创新"系统引入到经济体系中并提出创新理论以来，学术界日益认识到创新是经济增长的源动力。随着知识经济的发展，创新能力也日益成为增强国家和地区竞争力的决定性因素。由于创新更多地发生在多个行为主体之间的复杂协作中，而非简单的线性过程，因而学术界更多地从系统论的角度探讨创新问题。相应地，国家创新系统和区域创新系统的理论研究也随之逐步蓬勃开展。城市作为一个特殊的经济区域，既是区域经济发展的支撑，也是区域创新系统的重要组成部分，城市创新系统相关问题也因此越来越得到学术界的关注。尤其是近些年，我国城市直接参与国际化竞争，许多城市提出增强自主创新能力，构建创新体系，建设创新型城市。而创新的本质是基于知识的创造活动，知识转移尤其是技术知识转移，对城市创新具有重要的影响作用。在这些背景下，深入分析和总结城市创新系统知识转移的相关研究，对于加速我国经济发展和创新型城市建设具有重要意义。围绕本书研究主题，下面简要梳理知识管理视角的城市创新研究和城市创新系统知识转移研究，并在此基础上提出本书的研究问题。

基于知识管理视角的城市创新研究，内容涉及城市创新模式、城市创新评价、城市创新影响因素等方面。在城市创新模式方面，比如，潘鑫等人（2015）研究了通过转移和学习外部知识实现省域城市创新的三种模式，即对现有外部技术知识的开发利用型模式、对新技术知识的合作创新与探索型模式以及二者兼而有之的混合型模式。该研究利用我国省域城市多年的面板数据进行实证分析认为，我国沿海发达省域城市的创新主要是探索型模式，中西部内陆省域城市的创新主要是开发利用型模式，其余地区省域城市的创新为混合型模式。周灿等人（2017）基于网络视角的实证研究得到，通过构建本地和跨界的组织间合作网络获取外部知识是长三角城市群各创新组织实现创新的一个重要途径，各创新组织在合作网络中的位置是影响其知识转移效果和城市创新绩效的关键因素，并据此提出了四类创新模式。在城市创新评价方面，比如，崔新健等人（2013）基于知识管理流程构建了包含知识基础、知识创造、知识扩散、知识共享、知识应用、创新环境的城市创新能力指标体系；高亚满（2015）采用含有知识创造、知识获取等的指标体系，评估近年来山西省各城市创新能力的排名和变化。在城市创新影响因素方面，比如，基于我国 30 个省域城市的面板数据，王崇锋（2015）探究了知识溢出对城市创新能力的直接影响关系及其在城市创新投入与城市创新能力之间的调节效应；孙晓阳和詹祥（2016）实证研究了国际知识溢出和城市知识转移对城市创新能力的影响作用，其结果显示，国际知识溢出和城市知识转移受到城市市场化程度的正向推动，且国际知识溢出正向作用于省域城市创新能力，而城市知识转移却负向影响省域城市创新能力的提升。

对于城市创新系统知识转移，现有研究多数借鉴知识转移研究成果。知识转移研究起源于对技术转移的研究，由蒂斯（Teece，1977）首次提出。知识转移因在促进知识应用与创新、人员能力提升和组织绩效提升等方面具有重要作用，近十几年来，已得到学术界和企业界的广泛关注。对知识转移的现有研究涵盖个人、团队、组织等多个层面的知识转移活动（Alavi and Leidner，2001），内容包括知识转移的过程、方式、影响因素等。借鉴知识转移的相关研究，学者们对城市创新系统的知识转移问题展开研究，内容涉及城市创新系统知识转移的模式、影响因素、效率评价、影响效应等。在城市创新系统知识转移的模式方面，比如，蔡凯和程如烟（2018）基于 2006～2016 年京津冀专利转让数据，采用社会网络分析方法进行研究，结果表明，京津冀城市群的技术知识转移网络呈核心－半核心－半边缘－边缘结构，北京、天津和河北分别处在不同的位置，承担不同的知识转移功能。在城市创新系统知识转移的影响因素方面，比如，张翼鸥等（2019）基于专利转移数据，实证研究了空间邻近性对我国城市间技术知识转移的影响，认为我国城市之间产学研合作创新受到地理邻近、技术邻近、社会邻近的正向影响。在城市创新系统知识转移的效率评价方面，比如，王晓红和胡士磊（2017）采用随机前沿方法测算了我国 24 个省份高校产学合作效率及其城市间差异。在城市创新系统知识转移的影响效应方面，比如，杨菊萍和贾生华（2009）将浙江省制造业集群中的龙头企业对中小企业的知识扩散路径分为非正式交流与协作关系，并实证分析这两种知识扩散路径对龙头企业创新带动中小企业的影响关系以及吸收能力在其中的调节作用。

从上面分析可知，现有文献已积累了关于知识管理视角的城市创新和城市创新系统知识转移的较丰富的研究成果，为本书研究打下了良好的理论基础，并提供了有益的参考。尽管如此，城市创新系统知识转移研究仍存在一些不足，主要可归纳为以下几个方面：

首先，关于城市创新系统的知识转移机制与模式，现有文献作了相关研究。但是，这些研究相对较为零散，尚未较全面地分析城市创新系统知识转移的过程、方式、驱动因素等。另外，动态联盟（dynamic alliance，DA）是城市创新系统的一种重要的创新合作组织方式，但现有文献也较少对城市创新系统动态联盟的知识转移机制与模式作深入而全面的分析。

其次，在研究知识转移对省域城市创新的影响关系时，不少文献采用定性理论分析和定量实证检验方法，分析和研究二者之间的直接影响关系，以及吸收能力等因素在二者之间的调节作用，但极少有文献挖掘知识转移与省域城市创新之间的中介变量及其中介效应，也未研究吸收能力在二者之间的中介效应。另外，不少学者选用知识转移方式作为知识转移的测量变量，不同文献因研究目的的不同，所选用的知识转移方式有所不同。但是，现有文献所选用的省域城市知识转移方式往往不够全面，未能较好地兼顾知识的显性与隐性特征以及知识转移所带来的长短期效益。基于此，有必要较全面地选取知识转移方式，并系统而深入研究这些方式及其对省域城市创新的影响效应。

再次，从省域城市内部子区域创新系统的研究现状看，现有文献主要对该类城市创新能力进行评价，有少数一些文献研究了该类城市创新的影响因素，如空间邻近性、知识存量等，也有少数文献研究知识转移对该类城市创新的影响关系。但是，现有文献很少以北京市16个城区为例，研究知识转移对城市科技创新的影响效应。

最后，关于城市群的知识转移问题，现有文献研究了城市区域内知识转移机制及其对城市创新的影响关系，以及城市区域间知识转移的模式和影响效应。但是，尚未有文献对这两种知识转移活动之间的关系作深入的研究。此外，虽有一些文献从交互演化和共生视角研究城市知识管理问题，但尚未有文献从这些视角研究京津冀城市群城市区域内知识转移与城市区域间知识转移之间的互动关系。也就是说，未见有文献从共生理论视角深入研究京津冀城市群城市区域内知识转移与城市区域间知识转移的交互演化关系，以及这两种知识转移活动对三个城市协同创新的作用机理。

综上分析，本书提炼了相应的研究问题。一是城市创新系统的知识转移是如何实现的？二是知识转移如何作用于省域城市的科技创新？从知识转移的实现方式看，有哪些知识转移方式能兼顾知识的显性和隐性特征并综合体现知识转移的长短期效益，这些方式对省域城市创新的影响如何？从影响机制看，知识吸收能力在知识转移与省域城市创新之间起到什么样的中介效应？三是知识转移对省域城市内部子区域创新的影响关系如何？四是从跨行政边界合作角度看，城市群的城市区域内知识转移与城市区域间知识转移之间如何随着时间推移和协同创新开展而相互作用，如何作用于城市间协同创新？

第三节　研究内容

本书在回顾创新、区域发展、知识管理等领域的理论基础和已有相关研究的基础上，一是分析城市创新系统的知识转移机制，尤其是城市创新系统中动态联盟的知识转移机制。二是从兼顾知识的显性与隐性特征和知识转移所带来长短期效益的角度考虑，研究多种知识转移方式对我国各省域城市创新能力的影响关系以及吸收能力在其中的中介作用。三是以北京市为例，研究知识转移对北京各城区科技创新的影响关系。四是以京津冀城市群为例，基于共生理论视角，探索城市区域内知识转移与城市区域间知识转移的交互演化关系及其对三个城市协同创新的作用机理。五是根据全国各省域城市、北京市各城区、京津冀城市群的知识转移影响效应研究结果，提出相应的管理策略与建议。本书的研究内容框架及各部分之间的逻辑关系如图 1 – 1 所示。

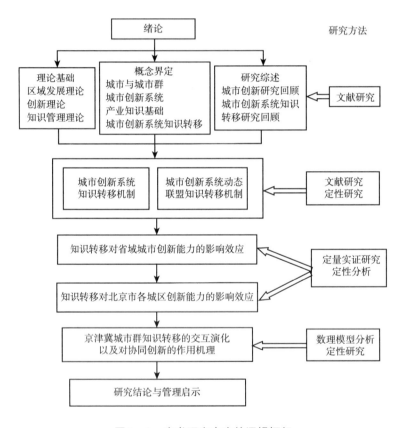

图 1 – 1　本书研究内容的逻辑框架

第一章绪论。内容主要包括研究背景、研究问题、研究内容和研究方法，是对本书的研究必要性、研究内容模块以及各模块之间关系、各内容模块所使用方法的整体介绍。

第二章理论基础与文献综述。在理论基础部分，对与本书研究主题相关的区域发展理论、创新理论和知识管理理论的核心观点及其应用研究进行阐述，为后面章节研究城市创新系统知识转移的机制以及影响效应奠定理论基础。在相关概念界定部分，本章对城市与城市群、城市创新系统、产业知识基础和城市创新系统知识转移的概念进行了界定，为本书后面章节的理论分析和问题研究奠定基础。在研究综述部分，本章对城市创新和城市创新系统知识转移的相关研究进行回顾与评述，研究目的是分析研究机会和提出研究问题，同时为后面章节研究城市创新系统知识转移的机制及影响效应提供借鉴。

第三章城市创新系统知识转移机制。研究内容主要包括几个方面：城市创新系统知识转移的基本内涵、过程、方式和驱动力。此部分为后续深入研究知识转移与城市创新之间的关系奠定基础。

第四章城市创新系统动态联盟知识转移机制。鉴于动态联盟对于城市创新的重要性，本章分析了城市创新系统动态联盟的形成动因、知识转移的微观机制、知识创造环节的内在机理以及知识转移的组织动力机制。

第五章知识转移对省域城市创新能力的影响效应。实证分析多种知识转移方式对省域城市创新能力的影响关系，以及吸收能力在其中的中介作用。具体而言，先对知识转移、吸收能力和省域城市创新能力之间关系进行定性的推理分析，接着构建计量研究模型、说明数据来源和选择变量测量指标，然后对变量之间的关系和研究模型进行实证检验，最后对检验结果进行分析和讨论。

第六章知识转移对北京市各城区创新能力的影响效应。在构建计量经济学模型的基础上，分别从各城区和各城区分区两个层面，实证分析科技合作、研发交流和外商直接投资这三种知识转移方式对北京市各城区创新能力的影响关系。具体而言，首先对各知识转移变量与北京市各城区创新能力之间关系进行理论分析，随后构建计量研究模型、选择变量测量指标、说明数据来源，最后对变量之间的关系和研究模型进行实证检验，并对两个层面的检验结果进行比较分析。

第七章京津冀城市群知识转移的交互演化以及对协同创新的作用机理。城市区域内知识转移与城市区域间知识转移共同存在于京津冀城市群创新系统中，二者之间的长期交互演化是推动该城市群创新的一种重要力量。因此，本章基于共生理论，研究京津冀城市群城市区域内知识转移与城市区域间知识转移的交互演化关系及其对京津冀协同创新的作用机理。

第八章研究结论与管理启示。此部分是梳理和总结前面章节的研究结论，据此提出相应的管理策略与建议，指出本书研究的理论研究意义，并指出了本书的研究局限和值得进一步研究的问题。

第四节　研究方法

为完成上述研究内容，本书主要采用了以下多种研究方法，各种研究方法与各研究内容模块的对应情况如图 1 – 1 所示。

1. 文献研究

本书基于已有文献，以研究问题为出发点，对区域发展、创新和知识管理等领域的相关理论内涵及其应用研究进行阐述；对城市创新和城市创新系统知识转移的相关研究进行回顾和评述，以分析城市创新与知识转移的研究机会，从中提炼研究问题。

2. 定性研究

定性研究方法是指依据一定的理论与经验，分析和研究事物的内在特性，未考虑数量上的差异影响。定性研究有两个层次：一是没有定量研究的纯定性研究，结论往往具有概括性和较浓的思辨色彩；二是建立在定量研究基础上的定性研究。本书采用了两个层次的定性研究方法。其中，本书的第三章和第四章均采用纯定性研究方法，分别分析城市创新系统知识转移机制和城市创新系统动态联盟知识转移机制。本书的第五章和第六章，先采用定性研究方法对知识转移和城市创新能力之间的关系进行剖析和思辨，进而构建研究计量经济学模型，为后面的定量实证检验做准备；在定量实证检验之后，对定量检验结果与定性思辨结果不一致的原因再进行定性研究。本书的第七章在采用数理模型分析方法的同时，也采用定性研究方法解析京津冀城市城市区域内与城市区域间知识转移的交互演化关系及其对该城市群协同创新的作用机理。

3. 定量实证研究

采用基于计量经济学模型的实证方法，研究知识转移对城市创新的影响效应。本书第五章建立了多个知识转移变量与省域城市创新能力之间关系的经济计量模型，基于统计年鉴的面板数据，检验知识转移对省域城市创新能力的影响关系以及吸收能力的中介作用。本书第六章基于经济计量模型和面板数据，实证分析知识转移对北京市各城区创新能力的影响关系。

4. 数理模型分析

数理模型分析方法是指运用数学符号和数字算式的推导来研究和表示经济过程和现象的研究方法。本书第七章从共生理论视角出发，借鉴用于描述两个或两个以上物种共生关系的 Lotka-Volterra 演化动力学模型，以京津冀城市群为例，构建了城市区域内知识转移与城市区域间知识转移之间的寄生型、合作型与依存型三种共生关系模型，分析了两种知识转移活动之间的交互演化关系。

总之，本书在文献研究和确定研究问题之后，先采用定性研究方法分析城市创新系统知识转移机制和城市创新系统动态联盟知识转移机制，然后结合使用定性研究和定量研究的方法研究知识转移对省域城市创新能力、北京市各城区创新能力的影响效应，再使用数理模型分析方法分析京津冀城市群城市区域内部知识转移与城市区域间知识转移的交互演化关系，以及采用定性研究方法分析这两种知识转移活动对京津冀协同创新的作用机理。

第二章 理论基础与文献综述

CHAPTER 2

第一节 理论基础

本书的研究主题是城市创新系统知识转移的机制及影响效应。如前所述，城市是区域的中心，城市研究不能就城市论城市，而是要树立区域整体观念，注重区域内城镇的合理分工和专业化协作，实现区域总体效益的最大化（汤茂林和姚士谋，2000）。也就是说，城市研究与区域发展理论密切相关，区域发展理论是城市创新系统知识转移机制及影响效应研究的重要理论基础之一。创新理论是本书研究城市创新系统知识转移机制及影响效应的另一个理论基础。关于创新系统的研究，始于国家层面，后拓展到区域层面，并延伸到城市层面，城市创新系统的研究基本延续了区域创新系统的内容（倪鹏飞等，2011）。此外，知识转移是知识管理研究领域的一个重要研究议题，相应地，知识管理理论也是本书开展研究的一个理论基础。下面对这些相关理论的内涵及其适用性进行阐述，为后面章节的研究提供理论基础。

一、区域发展理论

区域发展通常指区域福利的增加，它是经济地理学和区域科学的核心研究领域，是学术界高度关注的一个研究热点。随着工业化和区域发展路径的多样化发展，逐渐形成了众多各具特色的区域发展理论。根据已有研究（苗长虹，1999；丁焕峰，2007；徐云松，2014），下面简要回顾和阐述传统的区域发展理论和 20 世纪 70 年代末以来的区域发展理论。

（一）传统的区域发展理论

传统区域发展理论的提出主要集中于 20 世纪 40 年代末至 70 年代初。这一阶段的区域发展理论将区域发展视为国民生产总值或国民收入的增长、农业地位下降、工业地位上升的过程，强调资本积累和工业化是区域发展的必由之路。这一阶段的区域发展理论主要有以下几个方面：

区域发展阶段理论。这一理论大多是基于产业结构变动而提出的。比如，胡佛和费雪（Hoover and Fisher，1949）提出，区域发展需要经历自给自足经济、乡村工业崛起、农业生产结构变迁、工业化和服务业输出五个阶段。弗里德曼（Friedmann，1966）从空间维度提出，区域经济发展大体需要经历四个阶段：均衡分布结构阶段（地方中心比较独立、没有等级体系）、核心—边缘结构阶段（大核心出现极化作用加强）、多核心结构阶段（强有力的外围副中心出现、经济腹地再分配）、等级体系结构阶段（城镇体系形成）。

均衡增长理论。该理论单纯从供给出发，认为区域的长期增长来源于资本、劳动和技术进步这三个要素，假设固定规模报酬和市场机制运营不存在主要障碍，那么，要素报酬率的区域差异使得劳动力由低工资区域流向高工资区域，资本则从高工资区域流向低工资区域。因此，市场机制的自我调节使区域发展差异不会持久，区域之间趋于均衡增长。其中，最具有影响力的是 20 世纪 60 年代威廉姆森提出的经济增长和区域均衡增长之间的倒 U 形假说。

不均衡增长理论。该理论认为，在市场力量的作用下，规模经济和集聚经济所产生的"极化效应"和"报酬递增"将促使资本、劳动和产出在一定区域范围内循环积累，规模经济和集聚经济所产生的"扩散效应"以及政府的转移支付只能将区域差异保持在一定限度，而不足以促进区域差异收敛。因此，不均衡增长理论认为，只要总体发展水平低，市场力量的自然作用在任何时候都将增加区域发展的不平衡。所以，要缩小区域发展差距，需要依赖政府干预和经济政策，在落后地区建立和培育经济增长点，实现增长发展。

区域增长的一般理论模式。该理论偏重于输出的乘数增值效应。理查德森（Richardson，1973）提出的区域增长理论模式认为，区域不均衡增长主要来自集聚经济、区位偏好以及不同形式的集聚变量（如区域资本存量的变异系数）等因素的影响作用，区域均衡增长主要来自区域间的工资率差异、资本报酬率差异、区域资本存量等因素的影响作用。

新马克思主义增长理论。基于马克思政治经济学观点的区域增长理论认为，区域经济的长期增长是一个周期性的空间结构调整过程，与资本积累及潜在的危机有关，区域经济发展在某一时期趋于收敛，而在另一个时期则趋于分散。

（二）20 世纪 70 年代末期以来的区域发展理论

20 世纪 70 年代末期以来，在全球经济一体化和以电子信息技术为核心的新技术革命的推动下，关于区域经济集聚和增长的理论出现新的进展，下面列出一些比较典型的理论观点。

1. 区域管制及其制度基础

在福特大批量生产时期，在宏观上，区域管制的重点在于通过政府间的转移支付和地区经济开发立法来缩减地区之间的差距；在微观上，区域管制重点则是对垄断和公用事业的管制以及对劳资关系的干预。20世纪70年代末期以来，随着技术飞速发展、弹性生产体制兴起等，区域发展重点则趋向于放松管制和调整管制手段，推崇市场制度的作用，而区域管制的实施依赖于有效制度的支撑。

2. 新产业区理论

新产业区理论的提出源于专家学者对区域经济发展中存在的"弹性专业化"生产的研究，其核心内容是小范围地域内中小企业的产业集聚。形成产业集聚的区位必须具有充分的技术基础设施、成熟的创新生产互动等。尤其是空间邻近性，能促使企业等行为主体相互学习、知识积累、享受知识外溢结果，进而形成有效的正向积累（胡太山，2002）。根据已有的研究（王缉慈，1998；吕拉昌和魏也华，2006），本地网络和根植性是新产业区的两大标志。本地网络是指区域内的企业、大学和科研机构、中介机构、政府机构等行为主体之间有选择地结成正式或非正式的、较为稳定的关系网络，开展长期合作，减少企业生产经营的不确定性和交易成本，同时增强柔性等。根植性也即本地化，企业的任何经济活动只有根植于当地的社会文化环境，与之融为一体，才能取得发展和提高竞争力。我国学者王缉慈（1998）在对北京中关村新技术集聚区域进行研究之后提出，用本地网络和根植性识别新产业区具有重要意义，产业区持续发展的一个重要条件就是要发展新产业区内各企业的联系与合作网络，建立区域社会文化环境，不断促进技术创新。此外，新产业区的各行为主体都是独立的、平等的，彼此之间以合同为基础形成合作网络。总之，新产业区理论强调区域经济发展源自内部力量，区内各行为主体建立长期的、较稳定的合作网络，构建独特的区域创新环境，促使企业不断创新，进而促进区域经济、社会、技术协调发展。

从产业集聚角度看，自 20 世纪 80 年代以来，区域发展模式经历了一定的演化——由主要依靠大企业大批量生产，向主要依靠中小企业集聚转型，随后是主要依靠全球化和本地化趋势共同驱动的网络化发展。相应地，对创新活动空间集聚与区域发展之间关系的理论解释也存在一个进化过程（丁焕峰，2007）。对于主要依靠大企业大批量生产的区域发展模式，由斯多波和斯科特（Storper and Scott，1992）等为代表的新产业空间学派认为，大企业的垂直分化是导致产品空间集聚的主要原因之一，目的是为了克服贸易壁垒和实现产品销售全球化。对于主要依靠中小企业集聚的产业集群发展模式，以皮奥尔和萨贝尔（Piore and Sabel，1984）等为代表的产业区理论认为，大量的中小企业发展必须植根于本地的创新环境，中小企业的产业集聚是推动区域发展的一股重要力量。对于网络化发展模式，卡玛尼（Camagni，1991）强调，区域创新系统内部的企业、大学、科研机构等形成网络化的合作交流关系，彼此之间的相互学习是促进区域发展的重要途径。迈克尔·波特（Michael Porter，2005）提出的五种驱动力模型实际上也强调产业集聚与发展是基于竞争者、供应商、购买者等之间的网络联系和相互作用，即同一行业内部存在现有竞争者的竞争能力、潜在竞争者的进入能力、替代品的替代能力、供应商的讨价还价能力和购买者的讨价还价能力，这些力量之间的联系与相互作用综合起来影响着产业的吸引力。此外，库克等（Cooke et al.，1997；2002）也强调空间集聚中制度、企业家和网络构建等的系统性，认为空间集聚对产品供给方和需求方之间的相互交流有促进作用。

3. 区域学习创新理论

知识经济的到来促使全球经济增长方式在发生根本性变化，企业、区域乃至国家的竞争力不仅来源于其静态的相对成本优势，更重要的是取决于其动态的创新能力，知识及知识创新成为全球经济发展的主要动力源。

同样地，区域经济发展产业集聚的驱动力逐渐由原来静态的地理邻近性、规模经济和范围经济转向动态的区域学习与知识创新，特定的区域环境及其环境下的知识学习与创新过程与区域动态创新能力的形成密切相关，知识的区域集聚促成了一些"新产业空间"的出现和区域经济新格局的形成。因此，20世纪90年代以来，新产业区理论研究的重点开始转向并聚焦于知识在构建产业和区域竞争力中的作用以及区位在区域学习与知识创新中的作用，动态的学习创新过程成为重要的研究对象，并初步形成了"区位学习创新—地方环境—区域增长"的研究框架（Malmberg，1997）。

区域学习创新理论的核心观点是"产业活动的地理集聚与其说是为了从地方化的投入产出联系中获益，不如说是为了追求一种特殊的地方环境以增强企业的学习创新能力，这种地方环境不仅是物质基础设施和产业结构、企业组织等经济方面的，更重要是社会文化和制度方面的"（苗长虹，1999）。根据知识的性质，知识可分为可以编码的显性知识和不能编码的隐性知识，前者主要包括"知道什么"（know-what）和"知道为什么"（know-why）等方面的信息知识，后者主要包括"知道如何做"（know-how）和"知道谁能做"（know-who）等方面的隐性知识（Polanyi，1966）。知识的创造、转移、共享、配置及利用过程离不开学习过程，尤其是隐性知识需要通过"干中学"进行转移和再创造，因而知识创新与学习过程对区域环境存在高度的依赖性。还有，与普通有形物品不同，知识具有特殊属性。从生产要素看，知识具有收益递增的性质，从消费品看，知识具有"公共物品"属性，在知识转移、共享等过程的同时可能存在"搭便车"等风险。

因此，基于知识的特殊属性，知识的生产与消费不只是单个企业或机构的行为，而是依赖于个人、企业、组织在特定的创新环境下集聚，通过地理邻近和便利的学习实现技术的创新、扩散和知识的积累。在产业集群复杂和多种多样的网络关系和网络结构中，各个企业的规模、实力等不同，在集群网络结构中所处的位置和扮演的角色各有不同。疏礼兵（2008）通过研究得到，在集群网络情境中，知识创造和知识转移不断互动，从而形成多种知识学习轨迹，大大提高了集群企业知识转移和组织学习的效率，从而帮助产业集群获取竞争优势。

这种由企业、客户、研究机构、大学和地方政府等联结形成的区域环境和网络关系能够增强不同行为主体之间的信任，约束可能存在的机会主义倾向，如可约束知识转移与共享中可能存在的"搭便车"风险，提高各行为主体伴随竞争环境变化调整自身行为和发现新解决方法的能力。对此，不同学者从不同角度进行研究，关注的区域环境主题有社会资本（戴宏伟和丁建军，2013；曾克强和罗能生，2017）、信任关系（张红宇等，2016）、制度环境（宋跃刚和杜江，2015）、粘性空间（郭丽，2009；成祖松，2013）等，这些理论研究均强调产业集聚环境对区域学习与知识创新的重要作用。总之，区域学习创新理论强调区域学习与知识创新对于区域发展的重要性，以及产业集聚环境在区域学习与知识创新中的重要作用。

二、创新理论

创新系统研究的理论根源是熊彼特提出的创新理论，自从创新理论提出之后，越来越多的学者和实务界人士认识到创新是经济增长的源动力。尤其是在经济全球化、知识经济时代的背景下，创新能力日益成为决定国家和地区竞争力的重要因素。在实践中，创新更多地发生于多个行为主体之间复杂的共同协作过程中，因而学术界更多地从系统论的角度来探讨创新理论。基于此，国家创新系统和区域创新系统理论的研究蓬勃开展，合作创新、基于共生视角的创新等理论得到学者们的关注。这些创新理论为城市创新系统研究奠定了良好的基础。

（一） 熊彼特创新理论及其延伸发展

熊彼特于 1912 年在《经济发展理论》中提出"创新理论"，对创新的相关问题进行深入而充分的阐述，形成了独特的熊彼特创新理论。熊彼特创新理论的最大特点是，强调生产技术和生产方法的变革是推动经济发展的内生因素。在过去，传统经济学将经济增长界定为人口、资本、工资、利润等的数量增加。与此不同，熊彼特认为，虽然资本和劳动力的数量变化可以带来社会经济的发展变化，但源自生产体系内部的创新能够给社会经济发展带来更深层次的变化，这种创新即为生产技术和生产方法的变革（熊彼特，1990）。熊彼特第一次将创新系统引入到经济体系中，通过分析创新对经济周期的影响，得到了创新是改变经济均衡的唯一要素的结论。

熊彼特认为，创新是"建立一种新的生产函数"，要把一种从来没有的关于生产要素和生产条件的"新组合"引进生产体系中，以实现对生产要素或生产条件的"新组合"。进一步，熊彼特提出了"创新"的五种情况：一是采用一种新的产品，即采用消费者还不熟悉的产品或采用产品的一种新特性；二是采用一种新的生产方法；三是开辟一个新的市场；四是获取原材料或半制成品的一种新的供应来源；五是实现一种工业的新的组织，比如形成某一行业的垄断地位或打破一种垄断地位。后来，学者们将熊彼特的这五种创新归纳为产品创新、技术创新、市场创新、资源配置创新和组织创新，其中的"组织创新"涉及制度创新。社会经济发展是不断执行和实现"新组合"的过程和结果。创新是一种创造性破坏，它不断地破坏旧的结构，然后再创造新的结构。创新破坏均衡状态，创新过程的非连续性和非均衡性导致经济发展的周期性波动。

熊彼特创新理论主要有以下几个基本观点：一是创新是生产过程的一

种内生因素；二是创新是一种"革命性"变化，具有突发性和间断性的特点；三是创新意味着毁灭；四是创新是新工具或新方法的应用，创新必须能够创造出新的价值；五是创新是经济发展的本质规定，创新是对均衡的干扰，永远在改变和代替以前存在的均衡状态，从而推进经济发展，而人口和资本的增加并不能称作经济发展；六是创新的主体是"企业家"，熊彼特将实现五种创新要素的"新组合"的组织称之为"企业"，将以实现创新要素"新组合"为职业的主体称为"企业家"，并强调企业家精神在创新中的重要作用。

基于熊彼特创新理论，学术界对创新展开了丰富的研究，尤其是在西方学术界，对创新理论的研究更为精细和专业，对技术创新和制度创新的研究更为典型（丁焕峰，2007）。比如，索洛在1957年发表的《技术进步与总量增长函数》中提出了著名的技术进步索洛模型，用于定量化测度技术进步对经济增长的贡献率。20世纪70年代，美国经济学家曼斯菲尔德提出了"技术推广模式"，用于解释和解决新技术的推广问题，即某一新技术在某个企业首先得到采用后，需要间隔多久才被同一产业的其他多数企业采用。20世纪80年代后期，对创新理论的研究出现了新思路，从系统观点出发，形成了不同的创新系统理论。在国家、区域、产业、技术等不同层面，基于系统观点进行创新系统分析，相应地形成了国家创新系统、区域创新系统、产业创新系统、技术创新系统等理论体系。在制度创新方面，科斯、诺斯、舒尔茨等学者进行了开创性的研究，内容涉及制度创新的分析对象和工具，以及制度创新的原因、主体、途径、性质等（丁焕峰，2007）。

国内学者也基于熊彼特创新理论展开了探索。比如，有学者根据熊彼特创新理论，将企业技术创新战略划分为六种类型：一是领先创新战略，即企业通过研发一种新技术、推出一种新产品、挖掘一项新产业，在市场上始终保持领先地位；二是跟随创新战略，即企业密切注视技术领先者的行动，并适度跟随；三是跨越战略，即企业在技术、产品等方面的创新超越竞争对手；四是技术模仿战略，即企业对领先创新者的模仿；五是技术转让战略，即企业通过利用不同的资源优势，适当地进行技术转让，以谋求发展；六是合作创新战略，即企业与其他企业、高校，研究机构等进行创新合作，优势互补、共担风险、共享利益、共同发展，这种战略有合作研发等（李卫兵和彭十一，2006）。

（二）国家创新系统和区域创新系统理论

1. 国家创新系统理论研究

由于创新涉及多维主体，企业、大学、科研院所、政府、中介机构等都可能成为创新的源头，创新思想可以产生于研究、开发、营销等多个环节，即创新行为是复杂的，因此，基于系统论视角的创新理论研究得到了广泛开展。学者们首先在国家层面上讨论创新系统，即国家创新系统，并从不同视角提出了国家创新系统的概念。著名经济学家克里斯托弗·弗里曼首次提出国家创新系统的概念，将其界定为公共部门和私营部门中的各种组织机构以促进新技术的启发、引进、改造和扩散为目的而构成的网络（弗里曼，1987）。从构成要素看，弗里曼认为国家创新系统主要由政府政策、企业及其研究开发工作、教育和培训以及产业结构4个要素构成，政府政策在其中起关键作用。弗里曼通过研究近代科技革命以来世界科技中心在不同国家的转移认为，技术创新发明、国家制度安排和组织创新都是国家创新和经济发展的重要推动因素。因此，要想提高一个国家的创新能力和经济发展水平，必须通过建立国家创新系统，将科技创新与政府职能紧密结合，充分发挥政府职能，根据经济社会发展的需要，灵活调整科技创新模式，通过整合社会公共资源促进国家科技创新。显然，弗里曼强调国家科技创新在国家创新系统中的主导作用。

理查德·R. 纳尔逊强调国家制度安排对于科技创新发展的决定性作用，认为国家创新系统是决定一国企业创新绩效的一整套制度（Nelson，1993）。纳尔逊注重国家制度安排在科技创新中所起的作用，他认为，在国家相关制度安排下，由企业、大学等相关机构相互联结而形成的创新机制能够使公共技术和私有技术之间保持平衡，进而有效促进创新要素流动。当然，纳尔逊也指出，国家制度安排需要根据科学技术发展的不确定性特征和变化作出适时的调整，以促进合作创新和知识分享。

在国家创新系统理论研究中颇有造诣的佩特尔和帕维特（Patel and Pavitti，1994）认为国家创新系统是决定一个国家技术学习方向和速度的国家制度、激励结构和竞争力。他们认为，各个国家政府科技投资政策的不同是导致国别之间科技水平差距扩大的一个重要原因，并据此提出，政府应当尽快完善国家创新制度安排，完善创新激励机制，加大创新科研投入力度，为企业提供培训帮助等。其中，创新激励机制对激发国家创新系统中行为主体创新动力、促进行为主体创新活动、提高行为主体持续创新能力等起到重要的促进作用。

经济学家伦德瓦尔从微观层面分析了国家科技创新制度安排在国家创新系统中的重要性。伦德瓦尔通过研究生产商和用户之间的关系认为，知识是创新和经济发展的最基础的资源，可通过学习而获得，而这种学习活动是行为主体之间的基于知识的社会交互过程。因此，伦德瓦尔认为国家创新系统是由在对经济有用的新知识的生产、扩散和应用过程中相互作用的各种构成要素以及要素之间相互关系组成的（Lundvall，1992），知识的有效转移及其应用是最为重要的，决定着国家创新系统作用的发挥程度，而这主要通过国家科技创新制度安排对大学、科研机构等行为主体施加影响而实现。

经济学家迈克尔·波特综合国家创新系统的宏、微观机制，提出"产业集群"的概念，建立了"钻石模型"，认为企业创新能力是一个国家竞争优势的反映，国家只是企业创新与发展的外在环境，国家为企业提供良好的外部环境是塑造产业集群竞争能力、提升国家竞争优势的关键。相应地，政府应通过国家创新制度安排来影响创新过程，为企业创新创造一个良好的制度环境。

在以上经济学家研究的基础上，国内外学者对国家创新系统展开广泛的研究，产生了丰富的研究成果，并形成了宏观学派和微观学派的理论观点。前者侧重于从国家宏观制度角度出发，比较分析各个国家的创新特点及其差异，以及实证研究和解释技术创新在经济发展中的重要作用；后者侧重于从国家创新系统构成要素的角度探讨企业、大学及科研机构等创新主体之间的相互关系（韩振海和李国平，2004）。

2. 区域创新系统理论研究

紧随国家创新系统研究，学者们开始对区域创新系统展开研究，探索创新对区域经济和社会发展的影响作用。库克（Cooke，1992）对区域创新系统的概念进行了较为详细的阐述，认为区域创新系统主要是"由在地理上相互分工与关联的生产企业、研究机构和高等教育机构等构成的区域性合作组织体系，而这种体系支持并产生创新"。肖艳红等（2017）将区域创新系统界定为某一区域内由创新企业、学研单位、中介机构、地方政府等不同性质的创新单元构成的、密切联系的网络结构。从本质上看，区域创新系统是国家创新系统在研究层面上的延伸和微观化，因而其研究体系和理论框架与国家创新系统具有相同之处，但也存在着不同的地方。有研究表明，在一个国家，不同区域之间至少在金融、基础设施和文化三方面是有区别的。

随着经济全球化和区域化的不断发展，区域创新能力对于一个国家国际竞争力提升的重要性越来越明显，相应地，区域创新系统越来越受到学者们的关注。现有文献对区域创新系统创新模式（袁潮清和刘思峰，2013；潘鑫等，2015）、创新能力评价（高亚满，2015；陈静等，2019）、创新影响因素（王超等，2017；赵凯旭等，2019）、创新影响效应（刘和东和冯博涵，2019）等做了大量研究，取得了丰富的研究成果。这些成果能为城市创新系统研究提供良好的理论基础。

（三）合作创新理论

传统的创新研究主要定位于企业层面，聚焦讨论创新对企业和经济发展的影响作用。当创新研究与地域相结合时，就产生了创新地理学。该学科所涉及的地域首先是"国家"，然后是"区域"（丁焕峰，2007）。城市创新系统的知识转移与创新涉及政府、企业、高校、研究机构等多个主体之间的合作，因而有必要了解合作创新理论。

随着网络经济的兴起和互联网技术的发展，社会经济的发展环境呈现网络化、合作化趋势，创新网络、协作能力等合作创新问题已成为学术界和企业界关注和研究的热点。傅家骥（1998）认为，合作创新是企业与企业之间或者企业、高校、研究机构等之间的联合创新行为。另有国外一些学者认为，合作创新主要是指企业与创新资源和能力有一定互补性的其他机构进行合作，并通过整合分散分布的资源和能力来提升创新绩效的一种创新模式（Mishra and Shah，2009；Un and Asakawa，2014）。合作创新以合作伙伴的共同利益为基础，以资源、能力、优势等互补为前提，具有明确的合作目标、期限和规则，合作伙伴在创新过程中共同投入、共担风险、共享成果。

国内外学术界对合作创新做了丰富的研究。在国外，学者们较少使用"合作创新"这一概念，而是更多地使用研发合作（Un and Asakawa，2014）、跨部门合作（Ellinger，2012）、合作网络（Tsai，2009）等概念。在国内，一部分学者直接采用合作创新概念（吴绍棠和李燕萍，2014；王节祥等，2015），也有学者使用跨组织合作创新（施建刚和吴光东，2011）、产学研协同创新（贺一堂和谢富纪，2019）、合作研发（陆玉梅等，2019）等概念。

总体上看，国内外主要对合作创新的模式、影响因素和影响效应三方面进行研究。在合作创新模式方面，从主体数量看，合作创新涉及企业内部跨部门合作创新、企业之间的二元合作创新、三元合作创新和网络化合作创新（冯泰文等，2013）。其中，企业内部跨部门合作创新是指企业内部加强研发部门、市场部门、生产部门和其他部门之间的合作，以提高顾客服务水平、降低开发成本；二元合作创新指企业或与供应商进行合作创新，或与消费者进行合作创新；三元合作创新指企业同时与供应商和消费者进行合作创新，这主要源于企业出于对自身技术、能力和市场需求洞察力等因素欠缺以及创新风险的考虑，对整条供应链进行整合；网络化合作创新是企业与其他组织建立以开发新产品或新服务为目的的合作创新网络，是一种复杂的组织间网络。

在合作创新的影响因素方面，彼德森等（Petersen et al.，2005）研究发现，供应商的研发能力、可信度和经济实力都对合作创新具有正向的影响作用。帕克（Perks，2009）研究了中国独特的"关系"情境对合作创新的影响，认为"关系"会影响新产品开发周期的中、后期创新活动。斯温克和宋（Swink and Song，2007）的研究证实，市场竞争、技术进步、环境不确定性等外部因素和领导支持等内部因素影响合作创新。在国内，施建刚和吴光东（2011）的研究认为，影响项目导向型供应链跨组织合作创新的因素包括项目型组织间的友好水平和作用强度，以及项目中知识活动量的增加程度和范围。刘群慧和李丽（2013）基于广东省 197 家中小企业的调查数据，研究了关系嵌入性、机会主义行为对合作创新意愿的影响关系，以及合作风险感知在关系嵌入性与合作创新意愿之间、机会主义行为与合作创新意愿之间所起的中介作用。吴绍棠和李燕萍（2014）对产业创新联盟内的成员企业进行调研认为，企业联盟网络的多元性对联盟信任、合作创新均产生负向影响，联盟信任在联盟网络多元性与合作创新之间起部分中介作用，合法性认知在联盟信任与合作创新之间起调节作用。综合国内外研究可以看出，合作创新的影响因素可归纳为创新主体自身因素、合作伙伴因素、创新主体间关系、外部环境四个方面。

在合作创新影响效应方面，彼德森等（Petersen，2005）认为，合作创新可以降低原材料和新产品研发生产的成本，缩短新产品研发时间，提高企业绩效。冯等（Feng et al.，2010）经研究认为，与客户的合作创新可以提高企业的产品质量、交货可靠性、客户服务水平等，与供应商的合作创新可以降低企业的运营成本，有助于提高企业的竞争力。宋晶等（2015）研究了在合作创新过程中企业不同类型的网络能力对合作创新绩效的影响关系，基于陕西、江苏和广东等三地企业合作创新实践数据的实证检验结果显示，网络利用能力有助于提升合作稳定程度和合作满意程度，在有些省域城市，网络开拓能力与合作创新绩效之间呈倒 U 形关系。王丽平和何亚蓉（2016）经实证研究得到，合作创新网络中互补性资源与合作创新绩效正相关，交互能力在其中起部分中介作用，在交互能力与合作创新绩效之间、在互补性资源和合作创新绩效之间，网络关系强度均起调节作用。

合作创新在带来好处的同时，也面临挑战。艾森哈特和大布里氏（Eisenhardt and Tabrizi，1995）通过研究发现，合作创新会导致新产品开发成本增加，也会延长新产品开发周期。西尔特和古德曼（Cyert and Goodman，1997）从组织学习视角研究了大学—企业联盟的合作创新问题，认为联盟存在的冲突主要有以下几个方面：一是因合作各方主要投入的知识资产对合作创新的贡献难以明确估计，合作各方对所投入知识的专有产权进行保护，对合作过程中产生的新知识的产权归属存在争议；二是由于知识和技术具有"公共物品"属性，容易"外溢"，在合作创新中难免存在核心知识和核心技术泄漏的可能，因而难免有合作方存在机会主义倾向，隐瞒、不分享一些核心知识和技术，但这又明显影响合作创新整体目标的实现；三是由于合作各方在组织文化、管理方式、利益倾向等方面存在差异，合作创新联盟内部存在管理协调成本。

另外，合作创新还涉及专用性投资、知识资源投入和环境不确定性等因素。吴爱华等（2014）经研究提出，因为进行专用性投资的一方需要承担因合作方选择机会主义行为而产生的损失，因而需要合作各方通过专用性投资巩固彼此之间的信任关系，以维持合作创新；多主体合作创新的本质是基于知识资源的合作，其核心在于知识的转移，但知识复杂性一方面使得知识转移存在困难，另一方面可能导致知识窃取的机会主义行为，因而会使企业在合作创新中难以实现知识合作与创新的初衷；环境不确定性不利于合作创新。刘克寅等（2015）基于中国工业企业与高校的合作创新数据验证认为，校企合作存在协调失灵的问题，而协调失灵可致合作双方的投入激励降低，进而导致合作失败，较高的合作再匹配成本也会进一步抑制合作创新发展。

综上分析可知，在合作创新过程中，如何激励和有效协调各方参与知识合作创新，如何提高合作联盟管理效率，是城市合作创新面临的一个问题，也是城市合作创新研究的一个核心问题。

（四）共生理论

城市创新系统知识转移涉及政府、企业、高校、研究机构等多个主体之间的合作，城市创新与发展需要各主体及其创新要素的共同推进，需要各城市区域内知识转移与城市区域间知识转移的交互共生与协同演进，以共同提升城市创新能力和竞争力。而共生理论强调多主体及要素之间的协同发展，为解释这些问题提供了合适的理论基础。因此，本书根据研究需要，着重阐述共生理论的内涵及其应用，为后面章节分析城市创新系统知识转移过程中各方主体的合作行为及两种知识转移活动之间的交互演化规律提供理论基础。

　　"共生"概念最早由德国生物学家巴里（Barry）于1879年提出，意指不同生物种属依据某种联系而生活在一起。后来，"共生"概念被广泛延伸到其他领域，用来描述共生单元基于某种联系的相互作用。共生理论有三个基本概念，包括共生单元、共生模式和共生环境，其中，共生单元是指共生关系的基本能量生产和交换单位；共生模式亦称共生关系，是指共生单元之间相互作用的方式和强度；共生环境是指共生单元以外的所有因素的总和，是共生模式存续的外在条件（袁纯清，1998）。共生是特定时空环境下共生单元的共同进化过程，在物质、信息和能量流动关系的维系下，共生单元之间优势互补、互为吸引、相互合作与依赖，推动共生关系发展，各共生单元朝更有生命力的方向演化。简言之，"共生"从根本上来说，是指"共同进化、共同发展、共同适应"（袁纯清，1998）。

　　根据生物共生进化论，以两方的合作为例，A、B双方的共生关系主要有三种：一是寄生型关系，即A独立存在，B必须寄生于A才能生存和发展；二是合作型关系，即A和B通过互利合作实现共同发展；三是依存型关系，即A和B因相互依赖而共存，分开后均不能独立发展。这三种关系分处共生关系的不同阶段，共同之处都是A、B为实现"共赢"，不同之处在于双方的相互依赖程度不同（陆立军和郑小碧，2011）。

　　由于共生现象的普遍存在，生物学中的共生思想被不少学者用于解释社会学、管理学、经济学等领域的问题。例如，诺加德（Norgaard，1985）研究了社会文化、生态经济领域的协同进化规律，认为协同演化这一过程的关键在于"演化"，是"相互影响的各种因素之间的演化关系。"霍奇森（Hodgson，2002）亦指出，社会经济领域的协同演化是指一方改变另一方的适应图景，进而改变双方的平均适应，反之亦然。王晓雪和周柏翔（2011）基于共生理论，分析了知识联盟企业之间的知识转移模型，并提出策略以促进联盟企业有效挖掘在企业间流动的已有知识和探索新知识。王鹏和王艳艳（2015）从共生网络角度出发，以香港和内地的合作为例，研究了跨地域创新合作发展的影响因素。

三、知识管理理论

20 世纪 60 年代初，现代管理学之父彼得·F. 德鲁克首先提出了"知识工作者"和"知识管理"的概念，并预言"知识将取代土地、劳动、资本与机器设备，成为最重要的生产因素"。随后，他对知识管理理论做了大量的开拓性研究工作，提出"未来的典型企业以知识为基础，由各种各样的专家组成。这些专家根据来自同事、客户和上级的大量信息，自主决策和自我管理。"基于彼得·F. 德鲁克的开拓性工作基础，理论界和实务界对知识管理理论展开了大量的探索和研究。所谓知识管理，就是在组织中构建一个知识系统，让组织中的知识通过创造、转移、分享、获取、整合、更新等过程，不断地回馈到知识系统内，不断地积累个人知识与组织知识，形成组织的智慧资本，以帮助组织做出正确决策和适应市场变化。具体的知识管理活动涉及知识的创造、转移、吸收消化、利用等。这些活动发生在个人之间、团队之间、组织之间等多个层面，并通过规划和管理发挥知识对于提升企业核心竞争力的作用（Alavi and Leidner，2001）。

对于知识管理研究，左美云等（2003）将其划分为三个学派：行为学派、技术学派、综合学派。行为学派认为"知识管理就是对人的管理"，研究的内容包括知识型组织、知识管理战略、知识管理制度、不同层次的知识学习模式等。技术学派认为"知识管理就是对信息的管理"，研究的内容包括知识的组织（如知识表示、知识库等）、基于知识共享的团队通信与协作技术、知识管理技术（如知识地图系统、知识分类系统、经验分享系统、统一知识门户技术等）等。综合学派认为"知识管理不但要对信息和人进行管理，还要将信息和人连接起来进行管理"，强调知识管理是企业的一套整体解决方案，是一种基于信息技术的、关于知识的管理系统，它涉及知识管理观念、知识管理战略、知识型组织结构、知识管理制度等问题。

（一）知识基础观

在知识经济时代，知识取代土地、资本、自然资源等成为最为关键的生产要素，根本性地改变全球经济增长方式，知识和知识创新决定着企业、城市乃至整个国家的动态创新能力，进而决定着企业、城市和国家竞争力强弱。彼得·F. 德鲁克对知识基础观作了丰富的论述，认为在知识社会，能够创造经济价值的基本资源不再是资本、自然资源、劳动力，而是知识，现在是，将来也是（竹内弘高和野中郁次郎，2005）。知识基础观是企业资源基础观的延伸，将对作为企业战略性资源的研究对象从资本、自然资源、劳动力转移到组织的知识资源，强调通过对企业知识本质的深入思考来认识竞争优势来源，强调知识是组织的基础性资源，将企业视为一系列异质性知识资源的集合体，认为企业所拥有的内部知识和所能获取的外部知识是企业构筑动态竞争力的基础和企业实现价值创造的关键战略性资源，尤其是异质性的知识资源，是决定企业绩效差异的主要因素（Decarolis and Deeds，1999）。企业通过整合和应用内外部相关知识及相关资源，创造新知识、形成新能力、获取新市场机会、带来产品和服务的新附加价值，也即形成动态的竞争能力，以持续获取竞争优势（Nonaka，1994；Grant，1996）。企业知识资源的高低是决定企业竞争力强弱以及能否获得持续竞争优势的关键资源。与其他资源相比，企业成功越来越依赖于其所拥有的知识资源，企业持续竞争优势主要来源于卓越的内部知识创造能力与外部知识获取能力。

从知识属性看，能够给企业带来竞争优势的战略性知识资源包括显性知识和隐性知识，后者对于构建企业核心竞争力尤其重要（Grant，1996）。

以人为载体，企业内外部的显性知识通过文本、信息通讯技术等工具实现共享与传播，隐性知识通过言传身教等方式实现共享与传播，两种知识综合起来创造经济价值（Brauner and Becker，2006）。

对于组织内部知识创造，竹内弘高和野中郁次郎（2005）提出了最为经典的知识创造螺旋理论。他们认为，知识创造是通过隐性知识与显性知识在个人与组织间持续不断的转换而实现的，整个过程是一个螺旋上升的过程。隐性知识与显性知识通过共同化、表出化、联结化、内在化四种模式的交互运作，不断地转换与重组，进而实现知识创造的循环。共同化是从隐性知识到隐性知识的转化，通过共享经验的方式将他人的隐性知识变成自己的隐性知识，最典型的就是师傅带徒弟的过程。表出化是从隐性知识到显性知识的转化，通过将隐性知识写出来或存储在电脑上等方式，将隐性知识表达出来。联结化是从显性知识到显性知识的转化，将各种不同知识和信息联结起来，通过整理、分类，重构成系统化知识。内在化是从显性知识到隐性知识的转化，个人将从多种媒体渠道得到的显性知识进行消化、吸收，转化成个人隐性知识。通过这四种模式的动态循环交替和螺旋上升，不断促进新知识的产生。新创造知识通过共享等途径，在企业内部各个部门和团队进行传播和得到再用，从而影响企业的动态能力和竞争优势。

但是，企业在强调自身知识积累的同时，亦容易形成知识惯性，因为企业在专业化知识积累到一定程度后，往往会强化对自身积累的知识资源及经验的利用，会惯例性地依赖已有知识资源和经验来解决企业碰到的问题（周钟和陈智高，2015）。而市场竞争日益激烈，外部环境快速变化，比如新兴市场不断出现，客户需求变化多样。因此，企业完全依靠自身的知识积累难以对市场变化作出快速响应，企业的知识惯性会降低其对外部环境的适应能力。在此情况下，寻求与外部其他企业或机构的联盟成为企业克服知识惯性、获取多样化知识和进行知识创新的重要途径（Wuyts and

Dutta，2014）。著名的知识管理研究学者蒂斯等（Teece，1997）认为，面对变化多样的市场需求，企业需要在加强内部的学习和知识积累的同时，还必须跨越组织边界从外部获取互补性的知识资源。此外，企业本质上是一个开放系统，基于业务往来的需要，其所需知识不仅来自内部，还来源于外部，企业通过与外部其他组织的互动能够整合不同来源的知识，以创造出新知识。因此，有效利用组织间的关系网络而跨越组织边界获取外部互补性的知识资源，已成为企业发展的关键一环。相应地，如何有效利用组织间的互动关系从外部获取所需的知识和技术，是企业建立竞争优势的一个重要课题（罗珉，2007）。

自 20 世纪八九十年代以来，随着知识创新与积累、知识传播与共享以及知识溢出等对区域创新与经济发展的重要性逐渐显现，以知识为基础的区域发展研究受到了研究者和政策制定者的青睐（Cooke，2002；Chang and Chen，2004）。前面分析的区域发展理论由区域增长理论发展到区域学习创新理论，揭示了知识基础对于区域发展的重要性。而城市是一个特殊的经济区域，是区域经济发展的支撑和创新集聚地。城市与企业一样，竞争力取决于其动态创新能力，而动态创新能力又进一步取决于知识基础和知识创新。知识的空间集聚促使一些"新产业空间"出现，产业集聚和创新网络通过知识集聚以及知识溢出促进城市创新和经济增长。

在国外，产业—技术—学科的知识基础观点认为，现代创新强调产业共享特定的科学参数与技术参数，产业内所有公司可对技术功能、表现特性、产品材料的应用等形成共享的智力理解，而且，这部分知识基础是公共的，因而形成了产业知识基础（Smith，2000）。阿斯海姆（Asheim）等也对产业知识基础作了深入的研究，认为知识和信息是区域创新系统最重要的资源，是区域创新的基础，区域创新系统中的企业和产业都需要依赖于各自的知识基础才能进行创新。比如，阿斯海姆和伊萨克森（Asheim and Isaksen，2002）采用案例研究方法，分析了挪威的造船、机械工程和电子三个产业集群的内外部知识资源与集群竞争力之间的关系，认为区域拥有的特定情境下的显性知识和隐性知识及其组合都是相对固定的。阿斯海姆和科嫩（Asheim and Coenen，2005）分析了产业部门的知识基础，认为与各企业的创新过程和它们各自的知识基础密切相关的道理相同，区域创新系统与各产业知识基础密切相关，不同的产业部门拥有不同的知识基础，因而需要基于各产业的知识基础来分析讨论各种区域创新系统的重要性。常和陈（Chang and Chen，2004）从知识视角分析创新系统，认为由主体企业、供应商、客户、竞争者和合作者等联合组成的创新网络，可通过知识转移汇集企业技术发展所需要的各种学科知识，并加以应用。埃伯斯伯格等（Ebersberger et al.，2014）实证分析了产业知识基础对区域外部合作创新的影响关系。

在国内，也有大量学者分析了城市创新系统中的知识管理问题。比如，徐勇和贾键涛（2016）基于知识基础观视角，对中国大陆地区创业投资机构的投资绩效及其多元化投资策略之间关系的实证研究得到，多元化投资策略为创业投资机构提供了有效的知识来源渠道，包括行业多元化知识和地域多元化知识，二者均对投资绩效具有显著提升作用。其中，前者使得创业投资机构在价值发现和适应行业波动方面更具优势，后者有助于投资机构有效克服不同区域间的制度差异。王崇锋（2015）基于我国大陆 30 个省份的面板数据进行检验得到，由规模以上工业企业的技术引进经费支出、国内技术购买经费支出、技术消化吸收经费支出测量的知识溢出显著地影响省域城市创新能力，而且知识溢出还正向调节创新要素投入（由研发机构数、研发经费支出和研发人员全时当量组成）与创新产出之间的关系，并提出应加强省域城市产业集群的构建，并加强企业、高校、科研机构间产学研合作以及企业间的互动合作，以使创新网络系统的知识溢出循环效应最大化，发挥知识要素对于省域城市创新的最大效用，促进省域城市创新发展。

王保林和詹湘东对城市和城市群知识管理问题展开了深入的研究。两位学者首先研究了都市圈创新系统知识管理机制，提出了包含知识创新机制、知识传播机制和知识扩散机制的概念分析模型，详细剖析了这三种机制的内涵，认为知识创新机制是知识形成的螺旋累积结构，知识传播机制可以优化知识共享和知识学习的效果，知识扩散机制服务于知识交易和应用（王保林和詹湘东，2013）。进一步，采用文献分析的方法，两位学者从知识生态视角梳理了都市圈创新系统研究问题，认为知识生态会对都市圈创新组织的创新活动产生影响作用，两者之间存在要素耦合性和机制同步性的关系，知识生态视角还能拓展都市圈创新系统创新结构和创新机制等问题的研究（詹湘东和王保林，2014）。

（二）知识转移理论研究

现有文献主要研究个人、团队、组织等层面的知识转移活动，研究积累丰富，但对城市区域层面知识转移问题的研究相对较少，且后者的研究主要借鉴前者。本书将个人、团队、组织层面的知识转移称为一般情境下知识转移活动。对一般情境下知识转移理论研究的梳理，有助于为后面章节的城市创新系统知识转移研究奠定理论基础。

1. 知识转移的内涵

知识转移的研究起源于技术转移研究，由蒂斯（Teece，1977）首次提出，他认为企业通过国际间技术转移，能够从中获得有价值的知识并且促进技术扩散，从而减小不同地区间的技术差距。鉴于其在促进知识应用与创新、人员能力提升和组织绩效提升等方面的重要作用，近十几年来，知识转移已引起学术界和企业界的广泛关注。大多数学者基于信息通讯模型和沟通理论视角，将知识转移视为从知识源到知识受体的基于知识的一种沟通过程（Szulanski，1996），强调媒介和组织管理在知识转移中的作用。另有一些学者强调知识应用和知识转移效果，认为知识源比知识受体拥有更多的经验知识，知识转移可以使知识受体获得新知识进而改变绩效。比如，狄克逊（Dixon，2000）将知识转移定义为"让一个组织或部门的知识应用到其他的组织或部门的转移过程"，并根据任务相似性、任务性质、知识类型，提出了五类团队知识转移，包括连续转移、近转移、远转移、战略转移和专家转移。左美云等（2010）认为，知识转移是指在特定情境下，主体A（如个人、团队、部门、组织）采用一定的方式或渠道将知识转移给主体B的活动，这一活动会产生相应的效果，而这一效果会反过来作用于这两个主体，如图2-1所示。还有一些学者从认知心理学的视角，强调理解情境对于知识转移的重要性，认为知识转移活动的有效进行需要个人具备对知识所依附情境的认知能力（Martin and Salomon，2003）。总体而言，知识转移就是知识由知识源转移到知识受体的过程。

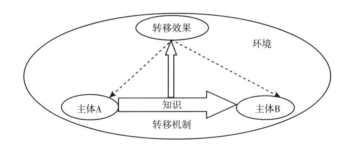

图2-1　知识转移概念

资料来源：左美云，赵大丽，刘雅丽. 知识转移方式的规范分析：过程、方式和治理［J］. 信息系统学报，2010（2）：22-36.

2. 知识转移的过程

由于知识转移的实现需要经历一系列的过程，在此过程中需要采用多种策略，因此，现有文献主要从过程和策略两大方面研究知识转移机制。对于知识转移过程，不少学者作了较深入的研究。表2-1汇总列出了现有文献提出的比较有代表性的一般情境下知识转移过程。可以看出，不同学者基于不同研究立场，将知识转移过程分为二阶段、三阶段、四阶段、五阶段甚至六阶段。对知识转移过程的阶段划分越多，对知识转移过程的考察就越详细，也就能越深入地理解知识转移机理。

表 2 - 1 已有文献中的知识转移过程机制

	过程机制	文献来源
二阶段	知识发送、知识接受	Cummings and Teng（2003）；Lin et al.（2005）
三阶段	知识选择、知识准备、知识配置	Knudsen and Zedtwitz（2003）
	知识转移前准备、知识传递和知识整合	谭大鹏、霍国庆（2006）
	知识需求、知识转移、知识吸收和创新	张向先等（2016）
四阶段	知识获取、知识沟通、知识应用和知识吸收	Gilbert and Cordy-Hayes（1996）
	启动、实施、蔓延、整合	Szulanski（1996；2000）
	知识的获取、表达、吸收和扩散	Li and Fu（2007）
	启动、洞察、实施和改进	梁哨辉、宋鲁（2007）
	知识收集、知识传递、知识共享、知识创新	范晓春、王晰巍（2015）
	社会化、外在化、综合化、内隐化	洪勇、李琪（2018）
	知识识别、知识传播、知识处理、知识应用	郭捷楠等（2018）
	跨文化知识识别、跨文化知识消化、跨文化知识整合、跨文化知识持续创新	孟凡臣、刘博文（2019）
五阶段	知识转移启动、知识采纳、知识调适、知识接受与整合	Kwon and Zmud（1987）
	知识的获取、提炼、存储、扩散和表达	Zack（1999）
	知识的获取、选择、生成、吸收和扩散	Holsapple and Jones（2004）
	知识的生成、扩散、吸收、调适与反馈	Parent（2007）
	知识的发送、接受、转换、应用、反馈	卢新元（2012）
六阶段	问题选择、知识获取、知识表达、知识编码、检验和评估	Liebowitz（1995）

资料来源：左美云，赵大丽，刘雅丽. 知识转移方式的规范分析：过程、方式和治理［J］. 信息系统学报，2010（2）：22 - 36.

基于已有研究，中国人民大学左美云教授及其团队（2010）将知识转移过程归为两大类：一类是基于信息通讯理论（Shannon and Weaver，1949）的两阶段知识转移过程；另一类是基于项目管理视角的多阶段知识转移过程。

从信息通讯理论视角看，学者们将知识视为一种信息，将具有转移关系的知识源和知识受体视为信源和信宿，将知识转移策略、媒介等视为信道，知识转移过程就是知识通过转移策略和媒介，从知识源传递到知识受体的过程。以组织作为主体，结合知识转移定义以及左美云等（2011）、周晓东和项保华（2003）等文献，知识转移过程可用图2-2展示。当知识源和知识受体就某项知识的转移达成一致意见之后，知识源就从组织知识库A选择和整理对方所需要的知识，然后采用编码化策略或个性化策略，借助一定的媒介，发送给知识受体。知识受体对对方转移过来的知识进行过滤，并基于自身的知识基础和吸收能力，对这些知识进行消化、吸收，接受其中有用的知识，将其用于解决业务问题，并将有用知识存入组织知识库B。当然，知识源向知识受体发送的知识可能混杂着一些"噪音"，如一些不相关的无用知识，就会因不满足知识受体的需求而被"过滤"掉。

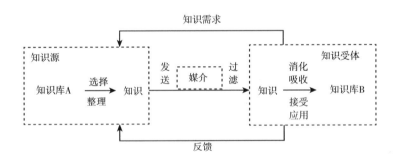

图2-2　基于信息通讯理论的知识转移过程

从项目管理视角看，学者们将知识转移视为一个"项目"，根据从需求分析到项目实施再到项目结束的项目进展逻辑，将知识转移所经历的过程划分为若干阶段。比较典型的是Szulanski（1996，2000）在对企业内部最佳实践转移进行实证研究后提出的知识转移四阶段模型：启动、实施、蔓延和整合。在启动阶段，知识源和知识受体共同分析知识需求，寻找和挖掘知识受体所需的知识，分析知识转移的可行性等，目的是形成关于知识受体所需要知识及其转移策略的有效决策。在实施阶段，知识源和知识受体建立转移联系，通过编码化策略或个性化策略，进行知识的传递与接收。在蔓延阶段，知识受体使用知识源转移过来的知识解决业务问题，获得解决方案。在整合阶段，知识受体对知识源转移过来的知识进行选择、规范化和惯例化，即知识受体对所转移的新知识进行取舍后，将决定保留下来的新知识融入自身的知识库，并转化为行动惯例，应用到业务实践中。

综合已有的基于项目管理视角的知识转移过程研究，左美云教授等（2010）提出了知识转移的三阶段过程模型（见图2-3）。第一阶段是知识转移的启动阶段，知识源和知识受体对知识转移进行决策和准备，通过知识需求调研和知识转移决策分析，形成涵盖知识转移的知识内容、时间和地点等有效决策。第二阶段是知识转移的实施阶段，知识源根据知识需求选择和发送知识，知识受体对这些知识进行接收、理解、消化和整合。第三阶段是评价阶段，双方主体对知识转移效果进行评价，知识源对自身的知识转移能力是否得到提升、本次知识转移的收益或效率如何等进行评价；知识受体对此次知识转移的收益成本比如何、自身的知识学习能力是否提升等进行评价。此外，双方主体要对知识传递过程涉及的知识转移策

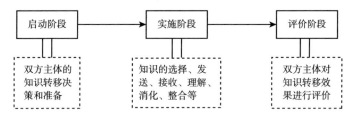

图2-3 基于项目管理视角的知识转移过程模型

资料来源：左美云，赵大丽，刘雅丽. 知识转移方式的规范分析：过程、方式和治理［J］. 信息系统学报，2010（2）：22-36.

略或媒介选择是否有效、知识转移激励机制是否合适、知识传递是否还受到其他因素的影响等问题进行评价。

3. 知识转移的策略

对于知识转移策略，汉森等（Hansen et al.，1999）提出了编码化和个性化两种经典策略。其中，编码化策略是把具有显性特征的知识通过计算机等手段进行编码化，形成文档形式的知识，如技术专利、技术手册、产品说明书、项目文档等，然后进行存储和复制，从而使其得到大规模的推广和应用。简而言之，就是将需要转移的知识通过编码实现转移。这种策略能使知识与其开发者分离，进而得到重复利用，从而能够节约使用者搜索知识的时间和成本。个性化策略是指知识与其开发者没有分离，知识的转移与共享通过知识源与知识受体之间的接触与人际交流而实现的，如师徒制、参观学习、研讨式培训、体验式培训、经验交流会等方式。简而言之，就是通过人际交流方式来实现知识转移。这种策略主要用于转移隐性知识，如难以言表的某些核心技术、经验技巧。

基于汉森等（Hansen et al.，1999）的研究，不少国内外学者对知识转移策略进行应用和拓展研究。比如，卡明斯和腾（Cummings and Teng，2003）提出，知识转移可通过面对面沟通、参观、培训、文档传递、人员互换等方式进行，并将通过文档传递、电子邮件传递等用于转移偏显性知识的方式称为初级转移，将通过人员互换、现场互动等用于转移偏隐性知识的方式称为高级转移。威廉姆斯（Williams，2007）从知识的情境嵌入性以及知识转移协作的角度，提出知识复制和知识调适两种策略，前者指通用性较高、可直接从一个情境再用到另一个情境的知识的转移，后者指通用性较低、需要作适当修改才能从一个情境再用到另一个情境的知识的转移。

在国内，薛求知和关涛（2006）实证检验了初级转移和高级转移对跨国公司内部成功知识转移的影响关系。关涛（2012）进一步根据知识转移的工具类型，将跨国公司知识转移分为制度性转移和人际转移，前者如公司内部文件交换、专利技术转让、电子数据交换等，后者如工作轮换、跨国培训、团队合作等。左美云等（2010）在回顾已有研究的基础上认为，现有文献主要基于知识特性和知识转移载体对知识转移策略进行划分，并总结出这两个维度上对应的知识转移策略。陶峻（2016）通过对两个典型的知识密集型服务企业知识转移过程的分析归纳认为，嵌入其中的两种策略，即工具化和文档化策略，以及个性化策略，对于知识转移的适用情境有所不同。

4. 知识转移的影响因素

一般情境下的知识转移影响因素的实证研究相对比较成熟，不同学者站在不同的研究角度，对知识转移影响因素的关注点各有侧重。从分析单元看，已有相关研究涉及个人、（项目）团队、组织等不同层面知识转移的影响因素。从研究内容看，有些文献集中分析影响知识转移的某个因素，如制造企业车间生产过程的复杂性（Lang et al.，2014），知识治理机制（Andersson et al.，2015）等。有些文献同时研究知识转移的多个维度的影响因素，比如有文献同时研究个人因素、技术因素、工作设计和外部环境对新产品研发团队知识转移的影响关系（Frank et al.，2014）。

对知识转移影响因素进行较全面的实证研究的典型案例是苏兰斯基（Szulanski，1996）的研究。他同时考虑沟通过程和情境，较早地提出，影响组织内部最佳实践转移的因素包括所转移知识特征、知识源因素、知识受体因素以及转移情境4个维度因素，并实证检验了这些因素与知识转移有效性之间的关系。其中，知识特征包括所转移知识的因果模糊性和未证明性，知识源因素包括知识源的转移动机和可信任度，知识受体因素包括知识受体的吸收动机、吸收能力和保持能力，知识转移情境因素包括知识源与知识受体之间的关系质量和组织情境。苏兰斯基（Szulanski，1996）

提出的研究模型为后续学者们分析知识转移影响因素提供了非常有益的参考。

廷布雷尔等（Timbrell et al.，2001）将苏兰斯基（Szulanski，1996）的框架模型引入到信息系统领域，以澳大利亚昆士兰州信息系统实施过程中发生的知识转移为调研对象，探索了阻碍组织内部最佳实践转移的相关因素。他们采用苏兰斯基（Szulanski，1996）提出的研究框架和研究方案，只对研究变量的测量指标作情境适应性的改动，经实证研究得到的结论与苏兰斯基（Szulanski，1996）的结论却存在较大的差异。比如，廷布雷尔等（Timbrell et al.，2001）研究发现，在信息系统实施时进行最佳实践转移的过程中，因果模糊性的影响比较小，知识受体缺乏获取知识和吸收知识的动机所起的阻碍作用较大，实施贫瘠的组织环境所产生的阻碍作用最大等；而苏兰斯基的研究结果显示，阻碍组织内部最佳实践转移的前三大主要因素是知识的因果模糊性、接受方缺乏吸收能力和主体间的紧张关系。这也说明，不同情境下知识转移的影响因素存在差异。

古普塔和戈文达拉扬（Gupta and Govindarajan，2000）基于沟通过程与信息理论的视角，提出影响知识转移的五个关键要素，包括对知识源对知识价值的感知、知识源的动机倾向、知识转移渠道及其丰富度、知识受体的动机倾向及知识受体的吸收能力。卡明斯和腾（Cummings and Teng，2003）则将各种影响因素视为知识转移的情境，在系统回顾知识转移研究文献的基础上认为，研发团队的知识转移会受到知识情境、关系情境、知识受体情境和活动情境的影响。其中，知识情境包括知识的可表达性和嵌入性；关系情境包括组织距离、物理距离、知识距离和规范距离，知识受体情境包括受体持有的项目优先性和学习文化，活动情境指选择和使用相应的知识转移方式（如文档、会议、培训、参观等），并采用定量实证研究方法检验了这些情境因素对研发团队知识转移的影响关系。

弗兰克等（Frank et al.，2014）全面地研究了研发团队之间知识转移的影响因素。他们综合采用文献研究与质性访谈资料分析的方法，从一百多个影响新产品研发团队间知识转移的研发环境因素中提炼出 16 个主要因素，归纳为 4 个维度，即人员因素、技术因素、工作设计和外部环境。其中，人员因素被细分为工作环境和研发团队能力两个维度，前者包括激励与个人兴趣、文化与组织气氛、人员管理的领导权力与组织战略，后者包括人员技能、团队管理实践、研发团队之间的关系；技术因素被细分为技术架构和物理架构，前者包括信息通讯技术和数据库集成、用户使用信息技术与数据库的可接近性、项目开发设备，后者包括工作地点配置和空间充足度；工作设计主要指产品开发管理，包括产品战略、结构组织和项目活动、新产品研发工作和方法的使用；外部环境指外在影响因素，包括与供应商等其他业务单元的关系、知识政策、人力资源与区域文化。

国内不少学者也对知识转移的影响因素进行探索。例如，有学者研究了转型企业从外到内转移知识的影响因素，包括知识特性、（企业）主体因素、转移方式、转移情境。其中，知识特性包括内隐性、模糊性、嵌入性；（企业）主体因素包括企业的接收意愿、吸收能力、企业学习和激励机制；转移方式包括人际互动、文档传递等；转移情境包括知识库差异、关系强度、信任程度、冲突协调、沟通交流（叶舒航等，2014）。再例如，曹如月等（2019）从组织氛围和转移意愿视角实证检验了建筑企业工程项目知识转移的影响因素，结果得到：项目内信任氛围、友好关系氛围对转移双方主体的贡献意愿和接收意愿产生了正向的影响，组织认同、组织开放性氛围对知识源的贡献意愿产生了积极的影响，贡献意愿和接收意愿对知识转移绩效产生了正向的影响。

有些学者研究了城市创新系统知识转移的影响因素。例如，周勇等（2019）基于结构—行为—绩效模型（structure-conduct-performance，SCP）

及复杂网络视角，分析了产业转移中转出方企业转移模式及承接地集群网络结构通过影响转移企业本地化嵌入行为进而影响知识转移的机理，并采用仿真模拟的方法进行检验。该研究发现，在不同的转出方企业转移模式及承接地集群网络结构下，企业本地化嵌入行为与知识转移绩效存在显著差异，其中，有核网络对集群知识转移的影响更明显。在无核网络中，合资企业对集群中合作企业的适度更新有助于提高承接地集群知识转移绩效；在有核网络中，组团式转移企业的"小社团"强度负向影响知识转移绩效。关于产业和城市区域层面的知识转移影响因素，详见城市创新系统知识转移影响因素研究回顾部分。

综上分析可知，知识转移的影响因素是多方面的，可归纳为知识特征、转移主体因素、转移活动和转移情境[①]四大维度。当然，各维度的因素对知识转移的影响路径是复杂多样的，既产生直接的影响关系，也产生其他影响作用，如中介作用、调节作用等。比如，国外有学者深入研究了知识源与知识受体共享理解和紧张关系在沟通编码能力、沟通解码能力和知识源能力对知识转移效果影响关系中的中介作用（Ko et al., 2005），另有学者研究了信任在系统知识复杂性与知识转移之间的调节作用（Gorovaia and Windsperger, 2013）。

5. 知识转移的影响效应

不管在企业层面还是在城市创新系统层面，知识转移对工作绩效和创新绩效都产生了重要的影响。在企业层面，知识转移对企业的创新、经济、环境等多方面的绩效和能力都产生了影响作用。比如，慕静等（2018）以天津市260家装备制造企业作为数据收集的调研对象，采用结构方程模型法，实证分析了知识源的知识转移能力等变量和知识距离

---

① 这里的情境是狭义的，指知识转移赖以发生和开展的环境，不同于 Cummings 和 Teng（2003）研究中的广义的情境。如无特殊说明，本书中的情境都是指狭义的情境。

变量对知识接收方的知识吸收能力和知识沟通质量进而对企业服务创新能力的影响路径。王雪原和马维睿（2018）采用结构方程方法，研究了知识的获取、转移、整合对制造企业经济、创新与环境绩效的影响关系，对于制造企业经济绩效，知识获取与知识转移没有产生直接的影响作用；对于制造企业创新绩效，知识获取的影响不显著，而知识转移与整合则具有直接的影响作用；对于制造企业环境绩效，知识获取、知识转移和知识整合都具有显著的直接影响作用。殷婧钰等（2019）基于问卷调查数据，采用多元层次回归分析方法，实证研究了共享心智模式、知识转移绩效与企业双元创新之间的关系，该研究显示，共享心智模式、知识转移绩效与探索性创新和利用性创新之间存在正相关关系，知识转移绩效在共享心智模式与探索性创新、利用性创新之间均起到部分中介作用。徐国军和杨建君（2019）基于251家企业的调研数据，实证检验了企业间知识转移对知识受体企业突变式创新绩效的影响关系，以及企业知识宽度的中介作用和企业间竞争的调节作用，该研究得到，企业间知识转移对知识受体企业突变式创新绩效具有促进作用，知识受体企业知识宽度在其中起中介作用，企业间竞争则负向调节企业间知识转移与知识受体企业知识宽度之间的关系。

在城市创新系统中，杨皎平等（2013）以信息和通信技术产业为调研对象，采用结构方程模型方法，实证研究了关系强度、知识转移、知识整合与技术标准联盟合作绩效之间的关系，该研究认为，知识转移和知识整合能力对联盟合作绩效具有正向的影响关系，其中，知识转移还在关系强度与合作绩效之间起中介作用。李庆满等（2019）基于283家制造业集群内企业的调研数据，实证分析了产业集群网络权力、知识转移、技术创新与产业集群技术标准扩散之间的关系，该研究认为，产业集群网络权力对技术标准扩散具有显著的正向影响，同时，知识转移和技术创新都在产业集群网络权力与产业集群技术标准扩散之间起中介作用，且起到链式中介作用。李锋等（2019）认为，产业技术创新联盟内部成员间的知识转移效率直接影响整个联盟的知识创新绩效，有必要从知识转移视角选择合适的创新联盟合作伙伴，并构建了基于知识转移的产业技术创新联盟合作伙伴的匹配评价指标体系，通过计算知识转移双方的匹配度选择合作伙伴，并以南京某物联网企业联盟为例验证了该方法的有效性。王崇锋等（2018）基于我国 31 个省份的面板数据，研究了本地知识溢出、外地知识溢出、本地知识转移和外地知识转移对省域城市创新能力的影响关系，以及技术吸收能力在其中的调节作用，该研究认为，上述 4 个自变量都对省域城市创新能力产生显著的正向影响，其中，城市技术吸收能力正向调节本地知识溢出以及本地知识转移对省域城市创新能力的影响关系。

（三）知识势差理论

在某一情境下，知识转移是优势知识从其拥有者（知识源）转移到需求方（知识受体）的过程。与物体势能相似，知识在某一时刻因存量、质量而产生的相对优势（也即相对先进性）可定义为知识势（杨刚等，2012）。在合作过程中，主体之间在知识存量、知识水平等方面存在差异，即不同的主体在某一时间点在同一类知识上所拥有的知识势能是不一样的，由此而产生了知识势差（左美云，2006）。戴斯等（Dass et al.，2014）将知识势差界定为由于知识主体所拥有的知识的多样性而产生的知识结构上的差异或知识存量水平的差距，知识主体之间所拥有的知识种类、范围差别越大，知识势差越大。

知识势差是知识转移的内生动力，知识转移就是知识从知识势能高的一方转移到势能低的一方的过程（李永周，2014）。各主体之间的知识往往是互补的，各自拥有独特的知识优势。知识势差和知识转移都是针对某类知识而言的。也就是说，在某一类知识上，主体 A 拥有优势知识，主体

B 缺乏这一知识，该类知识就从主体 A 转移到主体 B；而在另一类知识上，主体 B 拥有优势知识，而主体 A 缺乏这一知识，该类知识就从主体 B 转移到主体 A。

国内外学者基于知识势差理论对知识转移做了一些研究，内容涉及知识势差产生的原因、形成及影响效应等。比如，莱文和柯劳斯（Levin and Cross，2004）研究认为，造成个体或组织间知识势差的主要原因是知识资源分布的不均衡性。除此之外，陈武（2010）提出，知识的专业化也是使得主体之间存在知识势差的一个可能原因。简而言之，知识势差的存在，源于知识势能的存在。要形成知识势能，不仅需要主体持续学习和吸收新知识，还需要不断地创造新知识。相应地，要缩小知识势差，就需要知识受体意识到知识源所能提供的知识是自己不具备的，并愿意接收这些新知识（张海涛，2010）。

知识势差的存在会对合作主体之间知识转移和总体知识水平产生较大的影响。郑寒（2007）认为，这种影响可从静态和动态两个方面进行分析。从静态角度看，某一个成员主体的知识不足，明显会导致出现"木桶效应"，造成整个合作联盟创新效益降低；从动态角度看，知识势差成为合作联盟内各主体之间进行知识转移的驱动力，使得各成员主体之间的知识转移能够持续进行，而这一过程会不断提高各成员主体的知识势能，进而增加合作联盟整体的知识存量。黄晓卫（2012）研究了高科技产业园区高科技企业知识学习、技术能力如何动态促进知识创新的问题，提出知识势差是促进高科技企业知识学习的主要动因，并采用系统动力学模型分析了高科技园区知识势差促进高科技企业技术能力增长的机理。施曼（2013）研究了跨国公司内部知识转移机制，认为知识势差的存在促进了跨国公司内部的知识转移。陈伟等（2013）采用定量检验的方法研究了企业内部的知识势差对企业知识治理绩效的影响机理，结果得到，知识势差与知识治理绩效是负相关关系。

在城市创新系统中，基于知识势差理论的研究多聚集于协同创新联盟。例如，王月平（2010）从知识势差出发，分析了战略联盟的知识流动规律，并认为，较小的知识势差无法促进战略联盟各方产生合作意愿，而较大的知识势差会促进战略联盟知识流动的形成，并进入良性循环，最终提高联盟的核心竞争能力。李云梅和黄祥（2011）的研究指出，在校企合作中，知识势差是一个重要驱动因素，在共同愿景、合作模式、利益分配以及学习能力等因素作用下促成知识流动及其循环发展，最终能够提升校企联盟的有效性。廖志江等（2013）分析了产业技术创新战略联盟中知识势差产生的动态影响效应，认为知识势差的存在促进了战略联盟知识的流动，这种知识流动融入知识转移、共享、整合创新及扩散吸收等过程中，经这些过程的不断循环，促进战略联盟核心能力的提升。李永周（2014）提出，产学研协同创新是通过知识、技术等创新要素的共享与扩散实现资源的优势互补和优化配置，知识势差是产学研知识转移的内生动力，并构建了以知识资源匹配、知识转移与创造、知识协同创新为主要阶段的过程模型。王欣等（2016）认为产学研协同创新过程中知识转移的发生源于知识势差，并分析了知识势差与产学研协同创新知识转移速率之间的关系。杨春和白雪等（2018）以北京、上海、广州、深圳等城市的新兴技术企业为调研对象，实证研究了以企业为中心、以科研机构、大学、其他企业等为节点的新兴技术"多核心"创新网络结构的影响因素，其中分析了知识势差对新兴技术"多核心"创新网络中心性、连接强度以及规模的影响关系。廖名岩和曹兴（2018）采用数理证明和仿真的方法，分析了协同创新企业知识势差对知识转移绩效的作用机理，该研究认为，激励因子和知识理解系数会对协同企业知识势差与知识转移绩效之间关系产生影响作用，但在不同的条件和情境下，增大对知识源的激励、增加对知识转移的投入和最优合作距离并不一定能够提升知识转移绩效。

第二节　相关概念界定

一、城市与城市群

（一）城市的内涵

城市是人类社会经济发展到一定阶段的产物，是社会进步的标志和人类文明的结晶。不同视角的研究对城市内涵的界定各有侧重。经济学视角侧重于城市的规模经济，认为城市是一个坐落在有限空间地区内的、经济活动和住户集中、能够产生规模经济的连片地理区域。社会学视角注重城市中的市场、规章制度和社会联系，认为城市是在地理上有界的社会组织形式，人口较多且密集居住，具有市场功能以及相应的规章制度，人与人之间的联系与相互作用超越家庭范畴，且更多被赋予法律上的合理性。地理学视角侧重于城市的地理空间，认为城市是地处交通方便且覆盖有一定面积的人群和房屋的密集结合体。城市规划学视角主要依据国家行政建制，将城市界定为以非农业产业和非农业人口集聚为主要特征的居民点，包括市、县、镇等。《辞源》一书对城市的解释是"人口密集、工商业发达的地方"。《中华人民共和国城市规划法》第三条规定："本法所称城市，是指国家按行政建制设立的市、镇。本法所称城市规划区、近郊区以及城市行政区域内因城市建设和发展需要实行规划控制的区域，城市规划区的具体范围，由城市人民政府在编制的城市总体规划中划定"①。这赋予城市明确的法律含义，包括直辖市、建制

---

① 中华人民共和国城市规划法 [EB/OL]. http：//ghj. xa. gov. cn/websac/cat/2973196. html，2018 - 10 - 08.

市以及建制区、建制县等。综上可知，城市具有几个特征：一是有地理空间界限，二是具有经济活动与市场功能，三是居民与社会联系，四是具备行政管辖功能。

从经济发展的角度看，还存在经济区域，这与从政治角度划定的行政区域有所差别。从这一点看，城市与区域具有紧密的联系。从经济区域的角度看，"城市作为人类各种活动的集聚场所，通过人流、物流、能量流和信息流与外围区域腹地发生多种联系，通过对外围腹地的吸引作用和辐射作用，成为区域的中心，外围区域则通过提供农产品、劳动力、商品市场、土地资源等而成为城市发展的依托"。因此，城市与区域相互依存，城市借区域而立，区域依城市而兴（汤茂林和姚士谋，2000）。具体而言，一方面，城市是区域的核心。城市具有管理、经济、政治、文化、商贸、信息服务等功能，是区域的经济、政治、文化、社会交流中心。城市是非农产业和物品的聚集地，经济发展以第二、第三产业为主，生产效率明显高于农村经济，因而现代中心城市已经成为区域生产力最高水平的代表。由于经济发展的推动作用，城市也是区域的商贸流通中心和交通中心。城市还是各种政治和管理机构的集中地，是高校科研机构密集、科技发达、文化昌盛的地方，因而也是区域的政治中心和文化中心。另一方面，区域条件是城市发展的基础。区域的经济条件、地理位置、自然资源、社会因素、基础设施、生态环境等，都对城市发展产生影响甚至制约作用（汤茂林和姚士谋，2000）。

当然，已有文献提到的东部地区、中部地区和西部地区，主要是根据经济发展水平与地理位置对各城市归属所作的划分。此处的区域范围更广，包含了处在同一类别的多个省域城市及其下属的县、区、镇、村等。显然，这里区域的内涵不同于城市的内涵。

（二）城市群的内涵

城市群是指以一个超大城市或特大城市为核心，由至少三个以上大城市为基本单元，依托发达的基础设施网络，形成经济联系紧密、空间组织紧凑、并最终实现同城化和高度一体化的城市群体（方创琳，2017）。城市群是城市之间发展由竞争转为竞合的必然产物，是世界经济重心转移的重要承载地（范恒山等，2017）。一个典型例子是京津冀城市群。在过去较长一段时间里，北京、天津、河北的社会经济发展是竞争关系，直到近几年，三地发展面临"大城市、大农村"的困境，京津冀协同发展成为国家的一项重大战略，京津冀的社会经济发展转为竞合关系。随着近年来国家和三地政府的高度重视，京津冀城市群协同创新与发展成效显著，三地的研发经费投入强度的差距明显缩小，创新产出明显增长，城乡协调、精神文明与物质文明协调的积极变化促进了区域协调发展①，不断实现着建设世界级城市群的战略目标。

（三）综合分析

在我国，城市具有一定的行政特色，一般是基于政治角度的行政区划来界定城市区域范围。综合上面对城市和城市群的分析，从行政区划角度看，省域城市、省域城市内的区、县城市以及城市群，构成不同级别的城市范围。国内学者吴贵生等（2007）提出类似的三个层面的行政区：一是省级行政区，以行政权力为支撑，有着明确的地理边界；二是省级行政区内的子区域，包括市、县、区等级行政区；三是跨省级行政区，主要源于区域经济协调发展实践的需要而产生。

本书主要从行政区划的角度，研究三个层次的内容：一是省域城市，也即省级行政区，在此层面，本书将研究知识转移对全国 30 个省份科技创新的作用路径和影响关系；二是省域城市内部的区、县、镇，也即省

---

① 北京日报. 京津冀协同发展指数四年来稳步提升［EB/OL］. http：//bj. people. com. cn/ n2/2018/0803/c82840 – 31891236. html.

级行政区内的子区域，在此层面，本书将研究知识转移对北京市 16 个城区科技创新的影响关系；三是城市群，即基于经济协调发展的跨省级行政区，在此层面，本书将研究京津冀城市群知识转移对城市协同创新的作用机制。

二、城市创新系统

近年来，我国不断推进区域经济发展和城市化进程，许多城市提出开展科技创新、增强自主创新能力、建设创新型城市的战略规划。在这一实践背景下，城市创新系统（city innovation system，CIS）日益得到学者们的关注和研究。在国家和区域创新系统理论研究的基础上，我国王铁明和曾娟（2000）等多位学者结合我国城市经济发展实践，以创新理论、区域可持续发展理论、技术扩散场理论为基础，较早地研究了城市创新系统的运行机制，对城市创新系统的内涵进行界定，随后的相关研究多基于早期研究而对城市创新系统进行内涵界定（见表 2-2）。需要提及的是，虽然不同文献提出了城市创新系统、城市创新体系、城市技术创新体系、城市创新生态系统、城市创新网络等，尽管研究视角、名称不同，但实质均为城市创新系统。

表 2-2　　　　　　　　　城市创新系统的定义

文献来源	城市创新系统的定义
王铁明和曾娟（2000）	城市技术创新体系是基于城市的角度，以追求创新各要素效率最大化为目的，协调城市公共和私有部门组成的组织和制度网络，从而推动新知识和技术的创造、扩散和使用顺利进行
张德平（2001）	城市技术创新体系是指由企业、大学、科研院所、中介机构等相关的知识机构组成的，为了促进经济增长和社会进步，在各组成部分之间生产、传播、引进、扩散和应用新技术、新知识，并将创新作为系统变化和发展关键驱动力的体系

文献来源	城市创新系统的定义
赵黎明和李振华（2003）	城市创新系统是在以城市为中心的区域内，各种与创新相联系的主体要素（企业、政府、大学、科研机构和中介组织等创新的机构和组织）、非主体要素（创新所需的物质、资源条件）以及协调各要素之间关系的制度和政策在创新过程中相互依存、相互作用而形成的社会经济系统
隋映辉和付大伟（2003）	城市创新系统是结合、利用城市内一切可以利用的人力、技术、资金、设施等资源，以政府为指导，以城市内企业为主体，与城市内高校、科研机构、中介机构等共同构成的促进创新的有机网络系统，将城市内的创新活动看成一个整体、系统，并利用系统内资源来推动创新，以实现创新的产业化，从而达到系统资源优化配置、城市可持续发展的目的
隋映辉（2004）	城市创新系统可以表示为城市创新的扩散效应和科技产业聚集效应的矢量集合，以及一个独特科技、经济、社会结构的自组织创新体系和相互依赖的创新生态系统。以创新城市系统为核心节点，以科技产业和创新企业关联为组织节点的创新生态系统和网络群，将在协同创新中进一步联结城市的产、学、研、政等各个创新结点，构成创新系统网络，并融入区域创新、国家创新系统组成的系统结构
张辉鹏和石嘉兴（2004）	城市技术创新体系是指城市区域内参与技术创新的企业、大学、研究机构和政府部门等行为主体通过一定的机制相互延伸和交融组成的创新网络系统，具有鲜明的城市区域特色，是国家创新系统的子系统
廖德贤和张平（2005）	从城市发展依托于区域的角度，城市创新系统依托区域内的科技资源和城市创新基础设施，加强官、产、学、研、中介合作，构建完善的城市创新环境，创造一种新的更为有效的资源配置方式，实现新的系统功能，提高城市创新能力和竞争优势，从而推动城市经济和区域经济健康、持续的发展
孙红兵和向刚（2011）	城市创新系统由主体要素和创新环境要素构成，通过各种要素在创新过程中的相互依存、相互作用而形成，是一个以创新为核心、以促进技术进步和经济社会发展、提高城市竞争力和可持续发展为目的的开放复杂社会经济系统，其中主体要素包括企业、高校、科研机构、政府、金融机构和中介机构等，创新环境要素包括宏观经济环境、市场、制度和基础设施等
张省和顾新（2012）	城市创新系统是一个受外界环境影响的开放系统，具有五大创新主体，包括企业、政府、大学、科研机构、中介服务机构等，其中企业是最重要的创新主体，创新的本质是知识的流动和新知识的生成。除此之外，人才的流动、物流、资金流等创新要素的流动是系统运行的必要条件，这些创新主体和创新要素相互作用并形成一种网络结构
谢伟伟等（2017）	绿色发展视角下的城市创新网络指在一定城市地域范围内，以企业、大学、科研机构等为创新主体，在环境因素和科技创新水平的共同推动下，通过相互联系和交流最终形成稳定的系统，形成城市绿色发展与创新双赢的局面

综合上述定义，城市创新系统的基本要义包括：一是城市区域范围的有界性和创新的开放性；二是创新系统内主体、非主体创新要素的相互作用；三是城市创新是基于协调创新要素之间关系的制度和政策环境网络而展开的；四是城市创新以追求系统内资源要素优化配置、增强城市创新能力、推动城市可持续发展为目标。借鉴上述学者提出的概念，本书将城市创新系统界定为城市区域范围内的企业、大学、科研院所、中介机构等相关知识机构和人力、技术、资金、科技设施等相关创新资源，基于创新制度和环境而相互作用，以实现新技术、新知识的生产、传播、扩散和应用，进而增强城市创新能力和推动城市可持续发展的社会经济系统。

了解城市创新系统的构成要素，有助于深化对城市创新系统的理解。基于已有研究，本书从多个维度梳理了城市创新系统的构成要素（见表 2 - 3）。

表 2 - 3　　　　　　　　　城市创新系统的构成要素

要素维度	具体构成要素
创新主体	大学、科研机构、企业、政府、教育培训机构、中介服务机构以及金融机构等
系统结构	创新主体子系统、创新基础子系统（技术标准、数据库、信息网络、科技设施等）、创新资源子系统（人才、知识、专利、信息、资金等）和创新环境子系统（赵黎明和李振华，2003） 创新活动的行为主体、行为主体的内部运行机制、行为主体之间的联系、创新政策、市场环境和国际联系（隋映辉，2004） 研究开发体系、企业创新体系、政府调控体系、创新服务体系（张辉鹏、石嘉兴，2004） 企业创新和产业创新（核心），技术创新和知识创新（基础），科技创新（创新产业化）、环境创新（重点突破口），教育创新、服务创新、金融创新、创新设施（支撑）（廖德贤和张平，2005） 创新主体要素和创新环境要素（孙红兵和向刚，2011） 包括行为主体，由城市的制度环境、服务环境、要素条件、区域吸引力、产业发展水平等因素构成的城市环境载体，以及行为主体之间、行为主体与城市载体之间的交互与协同（冯云廷和张娜，2018）

续表

要素维度	具体构成要素
创新过程	研究与开发子系统、创新引导子系统、创新运行与调控子系统、创新支撑与服务子系统（赵黎明等，2002）
创新对象	技术创新子系统、知识创新子系统、制度创新子系统、管理创新子系统、服务创新子系统等（赵黎明和李振华，2003）

城市创新系统与区域创新系统具有密切的联系。从创新本质看，城市创新系统和国家创新系统、区域创新系统一样，是由创新的主体、资源、基础设施、制度、服务支撑体系和环境等要素构成，目的是研究创新过程中这些要素之间的相互作用机制。城市创新系统是把一般性的创新活动上升到了城市这一层次，将城市区域内的创新活动看成一个整体、系统，并通过整合、优化配置系统内资源来推动创新、实现创新产业化，从而达到增强城市创新能力、推动城市可持续发展的目的。从城市与区域的关系看，城市是区域的核心，区域经济发展的支柱和主要来源是城市经济发展（汤茂林和姚士谋，2000；廖德贤和张平，2005）。相应地，城市创新系统成为区域创新系统的重要组成部分，是区域创新系统的最主要的依托和支撑（廖德贤和张平，2005）。这是因为，区域创新系统中的企业、大学、科研机构、政府等参与创新的主体及大部分创新资源几乎都聚集在城市尤其是中心城市，这客观上使得城市成为区域的创新中心。隋映辉（2004）、张辉鹏和石嘉兴（2004）、廖德贤和张平（2005）的概念界定提到，城市创新依托于区域创新资源和经济发展，融入区域创新系统乃至国家创新系统中。因此，区域创新系统的建设应以构建城市创新系统为突破口，通过整合区域内的创新资源、完善创新基础设施、营造良好的创新环境等措施来推动城市创新，进而推动区域创新。

当然，城市创新系统与区域创新系统也存在区别。与区域创新系统相比，城市创新系统更注重从宏观层次上强调创新环境的构建、创新主体的成长、产业创新的形成；从微观层面上更强调对企业创新的直接影响作用（廖德贤和张平，2005）。

从创新系统的区域范围和行政建制的角度看，城市创新系统包括省域城市创新系统、省域城市内的区、县创新系统和城市群创新系统。其中，省域城市创新系统是指某一省级行政区内的创新系统，各创新要素的流动与交互均局限于该省级行政区内部。从现有文献看，不少研究涉及的区域创新系统大都是指省域城市创新系统。区、县创新系统是省域城市创新系统内的子系统，创新活动局限于某个区或县。城市群创新系统是跨越城市行政区划的创新系统。对于跨行政区域创新系统，龙开元（2004）认为是"在不同行政区划内有着密切联系的企业、科研院所、大学以及政府在统一创新环境下相互协作、不断创新而形成的"，王鹏（2009）认为是"通过一个跨越行政区划的协调组织把不同行政区域的创新要素有效整合成一个相互作用的网络系统，以减少要素摩擦，降低交易成本，共同推动跨行政区域创新能力的提高"。孙超英和贾舒（2007）认为，跨行政区域创新系统的运行存在一些条件：一是创新主体跨越不同行政区域；二是跨行政区域创新主体之间在创新业务上的密切联系驱动人力、物质、知识、技术、资金等资源要素跨越行政区域自由流动；三是跨行政区域创新主体之间的合作需要政府跨行政区的引导与促成；四是各行政区创新主体共享科技设施；五是跨行政区域系统内部需要有共同的创新文化氛围，以此促进创新知识扩散。城市群创新系统除了具有跨行政区域创新系统的这些内容和条件，还要求其中的城市在经济上联系紧密、空间组织上紧凑、目标是共同实现同城化和高度一体化（方创琳，2017）。城市群创新系统不是通过行政拼凑和组合意向就可以生成，而是在特定的多个城市或地区、服务于特定的战略目标、依托于相互衔接的产业链，经过特定的创新要素组合和创新环境营造而形成的城市创新的战略生态系统，因而具有与城市创新圈一致的内涵（隋映辉，2004）。

省域城市创新系统和城市群创新系统既有联系，也有区别。从联系看，城市群创新系统是基于省域城市创新系统而建立的，二者的创新要素流动和联系在本质上是相同的。从区别看，省域城市创新系统和城市群创新系统的区域范围明显不同。因此，在城市群创新系统中，创新资源与要素的互补性更强，创新主体更具多元性，地理范围界限更为模糊，创新的自组织特征更明显，创新更具多样性。相比之下，省域城市创新系统所在区域的自然资源、社会历史条件、经济发展水平和技术积累水平相对稳定和有限，创新资源的丰富程度、创新主体的多元性等相对较弱，城市创新会受到一定的制约。这些区别使得省域城市创新系统和城市群创新系统在创新活动的起点、内容、方法等方面各不相同。

三、产业知识基础

知识来源于人类实践活动，是一个在管理理论和实践中得到广泛应用的概念。著名的管理学家彼得·F. 德鲁克（1999）认为，知识作为一种信息，能够通过传播与运用改变某个个体或组织，或能够使个体或组织采取更有效的行为策略，强调知识对于改变个人、组织或事物的促进作用。戴夫帕客和普鲁萨克（Davenport and Prusak，1998）将知识定义为结构化的经验、价值、具有特定含义的信息、专家洞察力等，认为知识具有流动性，通过转移、扩散、整合等方式得到利用。斯蒂赫雷（Styhre，2003）以及贾库比克（Jakubik，2007）认为，知识是一个复杂的概念，包含各种各样的技术、技巧、经验、信念、能力等。从这些定义可以看出，知识不是简单的一维概念，而是一个包含多维知识元素的概念，且融入到人与组织动态交互的系统中。

按照知识来源层面看，一个组织的知识资源包括两大方面：一是主体创造和拥有的智力资源，即组织员工个人或集体创造的各种知识以及运用这些知识的各种能力，这些知识和能力能够被企业运用于完成业务任务；二是组织所拥有的无形资产，包含知识产权（如专利、技术诀窍、商业秘密等）、市场方面的无形资产（如公司品牌、商誉、销售渠道等）以及组织管理方面的无形资产（如组织管理流程、人力资源管理制度与方法、技术操作流程等）。此外，组织知识资源还包括辅助性的信息资源，即借助信息技术、网络搜索和汇总得到的与企业的生产经营管理有关的各种资料和信息。

产业知识具有知识的本质内涵，还与产业经济发展和城市创新密切相关。阿斯海姆和科嫩（Asheim and Coenen，2005）较早地从产业发展的角度提出了知识基础的概念，认为其是一个国家、区域、产业或公司等为实现技术创新或经济发展等目标而具备的战略性知识资源。史密斯（Smith，2000）认为，产业知识基础是在某一行业、领域或范围中，用于生产的、可以在性质相同的不同组织之间进行共享、共用的基础信息，可以跨技术、跨参与者和跨产业进行配置，是影响创新的重要因素。不同的产业部门所需具备的知识基础有所不同。产业 – 技术 – 学科的知识基础观点认为，现代创新强调产业共享特定的科学参数与技术参数，关于技术功能、表现特性、产品材料的应用等，即产业知识基础，它们可通过共享理解而得到传播、扩散和应用，因而成为公共的知识基础，这些知识和经济活动实践共同塑造产业内所有公司的行为表现（Smith，2000）。牛盼强等（2011）进一步将产业知识基础界定为"为联系产业与知识创造，在产业中相同类型的知识创造组织之间可以共享、共用的基础性信息或知识"。

根据知识创造方式和产业环境不同，产业知识基础具有不同的分类。比如，阿斯海姆和科嫩（Asheim and Coenen，2005）区分了解析型知识基础和综合型知识基础，由创新驱动型组织构成的传统产业集群几乎都发生在基于综合型知识基础的产业部门，如工程类的产业。而作为产业集群内部的创新系统一般则属于基于解析性知识基础的产业部门，主要是以科学为基础的产业，如信息技术产业或生物科技产业。李美桂等（2018）进一步分析了三种类型的产业知识基础，包括解析型、综合型和符号型知识基础。其中，解析型知识基础对应的产业环境是重视科学知识和基础研究，知识创造通常基于认知、推理过程或正式模型，主要进行激进性创新，产出形式主要是报告、电子文档或专利等显性知识，知识创造成果往往能促进新企业或衍生公司的出现，代表性产业有无线通讯、生物技术等。综合型知识基础对应的产业环境通常要通过对现有知识的创造性应用或重新组合而进行渐进性创新，产出形式主要是技术诀窍、工艺、实践技能等隐性知识，代表性产业有家具、食品、设备安装使用工程、磨具制造等。符号型知识基础对应的产业环境主要是文化创意产业，致力于创造新的思想和形象，知识被吸收和转化成为美学的符号、形象、设计、人工制品、声音和叙述等，以渐进性创新为主，主要行业包括媒体、广告、服装设计、建筑和工业设计咨询等。由于对符号、图像、设计和文化制具的理解需要将它们与特定的社会群体习惯、社会规范、日常文化等联系起来，因此，符号型知识多为隐性知识。另外，张昕和陈林（2011）在研究我国医药制造业产业聚集带来的知识溢出影响效应时，分析了两类知识，包括多样化知识和专业化知识。

产业知识具有默会性、专业性、情境嵌入性、公共物品属性、外部性、价值性等特征。在默会性方面，城市创新系统中关于如何做（know how）的知识，比如，知识受体在对来自知识源组织的知识进行整合、内化和应用时，嵌入着各种人员素质和技能，这些人员素质和技能更多是难以言表，具有默会性，会对城市创新系统知识转移产生一定的影响。在专业性方面，城市创新系统各创新主体拥有各自的优势专业知识，需整合各方的专业知识以推动合作创新项目的开展。而这些知识的专业性越强，其应用范围越窄，越不容易被其他创新主体理解和接受，在城市创新系统中进行转移的难度也就越大。在情境嵌入性方面，城市创新系统中合作创新项目各任务环节之间的相互依赖性、合作成员的经验知识、合作项目活动的不可分割性等都体现了共有知识在系统内部的嵌入性特征，嵌入程度越深，知识转移就越难。

对于公共物品属性，在经济学中，公共物品具有两个基本特征，即非排他性和非竞争性，前者指任何一个消费者可支配的公共物品的数量就是该公共物品的社会总量，后者指公共物品每增加一个单位的消费，其边际成本为零。产业知识作为一种资源，也具有公共物品的部分特征（任志安，2007）。一方面，知识具有不完全排他性（Almeida and Kogut，1999），个体或组织对可共享知识①的分享和使用，并不妨碍其他个人或组织同时得到相应的"消费"。另一方面，知识资源可反复使用和"消费"，其边际成本为零，这会增加知识使用频数，进而带来知识增值。因此，产业知识资源共享与利用不受经济学传统的要素边际收益递减规律的影响，相反，其作用的发挥能使知识边际收益递增。外部性是指产业知识的外部溢出效应，正外部性指的是知识创新的溢出效应能为外部的其他知识受体带来正向的促进作用，负外部性是指知识创造者所创造的新知识会给外部的其他知识受体的老旧知识带来负作用，甚至取代老旧知识，如导致文件、材料、模板等变得不能用。产业知识的外部性得到了广泛关注。比如，李健旋和程中华（2017）基于2003～2014年面板数据，研究了专业化知识溢出和多样化知识溢出对我国各省域城市创新能力的影响关系。此处的知识溢出就是产出知识外部性的体现。根据核心能力理论，产业知识的核心价值性包含独特性、价值性、增殖性等。产业内不同组织因发展目标和路径不同拥有不同的知识集合，体现了不同组织的个性和特征。产业知识的价值性指知识资源能够为产业内的企业带来利益或创造价值，是一个企业竞争力的体现，也即知识运用

---

① 为保持自身的核心竞争力，个体或组织可能会隐藏核心知识。

能够给组织带来利润和持久竞争优势（Zhao et al.，2011）。产业知识的增殖性，指在企业发展壮大过程中，知识不断得到创造、传播和应用，创造出来的新知识与企业原有的知识基础进行组合，能够繁殖出新知识，使企业形成新的成长能力，它不像土地资源，耗尽就不可再生，而是在伴随企业生产经营与管理的需要而不断更新、不断产生新的知识，进而推动产业发展。

产业知识基础与城市创新密切相关。比如，牛盼强（2016）的研究认为，上海全球科创中心建设需要其产业知识基础与制度环境相协调，经济、社会文化等制度环境对解析型和综合型知识基础具有重要的影响作用。张洪阳（2015）将产业知识基础划分为解析型、综合型和象征型三种类型，将区域创新系统划分为集聚期、交互期、融合期和多样期。集聚期的产业知识基础类型往往比较单一。交互期的区域知识具有一定的多样性，其原因是多样化产业的引入。融合期的区域产业以一至两种知识类型的产业为主，另一种知识类型产业渐进融合。在多样期，三种类型知识的产业相互渗透、相互关联。李美桂等（2018）以北京科技创新中心为例，对涉及解析型、综合型、符号型三类产业知识进行分类测算，结果显示，解析型知识基础对北京城市经济发展水平具有较强的影响关系。

四、城市创新系统知识转移

如前所述，城市创新系统是由企业、高等院校、科研院所、政府、中介机构和金融机构等创新主体构建而成的合作创新网络。在城市创新系统中，高校、科研院所和其他研发型企业（简称"学研机构"）主要是前沿知识创新的主体，企业主要是知识应用和技术创新的主体，中介服务机构主要是知识传播的主体。为促进城市技术创新、发挥城市创新系统的自身功能和价值，需要及时、高效地将城市创新系统内不断涌现的新知识从生产者和拥有者转移至需求者和应用者。也就是说，城市创新系统存在频繁的知识转移现象。因此，本书借鉴已有研究给出的知识转移定义，将城市创新系统知识转移界定为城市区域范围内的企业、高校、科研院所、中介服务机构等根据业务和创新的需要，通过一定的渠道，从知识源组织转移知识到知识受体组织，并被后者吸收、应用的过程（见图2-4）。当然，城市创新系统知识转移的开展离不开金融机构服务、政府宏微观调控、城市自身条件等环境因素的支撑。

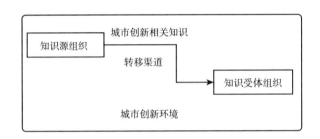

图2-4 城市创新系统知识转移的概念模型

根据知识势能理论，知识源组织具有较高的"知识势能"，知识受体组织具有较低的"知识势能"，因而新创造的知识从"知识势能"高的知识源组织转移到"知识势能"低的知识受体组织。城市创新系统知识转移亦受"知识势能"驱动，城市区域范围内的企业、高校、科研院所、中介服务机构等任何一个创新主体都可能拥有某一方面的优势知识，也可能存在某一方面的知识缺口，都需要从其他主体获取所需知识，因而这些主体既可能扮演知识源组织，也可能扮演知识受体组织。但是，在基于特定任务情境的每一次具体的知识转移过程中，每个主体均只扮演一种角色，或为知识源组织，或为知识受体组织，体现为知识从知识源组织到知识受体组织的单向转移。

本书研究内容涉及城市内知识转移和城市群知识转移，这两种知识转移活动主要是基于行政区域边界而划分的。在一个城市内部，企业、高校、科研院所、中介服务机构等创新主体受业务和创新目标驱动，构成合作创新网络，彼此之间发生直接或间接的基于知识的合作，因而会发生知识转移。比如，对市场需求具有敏锐的"嗅觉"和洞察能力的企业在自身难以独自完成生产新产品或提供新服务过程中的某些技术环节时，就寻求与合适的高校和科研院所进行合作，此时，企业将自己无法解决的技术难题移交给高校和科研院所。高校和科研院对企业的技术难题进行破解，研发出企业所需的新技术和新知识，并有偿移交给企业，此时，就存在从高校和科研院所到企业的"技术知识"的转移。同样地，当高校和科研院所在技术应用上面临困境时，亦可借助中介机构寻找匹配的企业为其提供培训、讲座等机会。由于中介机构具有较强的专业能力和丰富的服务经验，能在合适的时间和地点为企业、高校、科研院所等提供适当的信息、知识、技术咨询等服务，因而为各创新主体节约了大量的知识搜寻时间。因此，城市内知识转移是指在某一个城市区域内部的企业、高校、科研院所等创新组织根据业务和创新的需要，通过一定的渠道，从知识源组织获取和转移知识并加以应用的过程。

每个城市内的经济发展程度和技术知识能力水平存在差异。例如京津冀城市群，河北、天津与北京在经济与技术知识能力等方面均存在较大差距。此时，当作为知识需求方的创新主体在城市区域内部无法找到合适的知识源，或是知识源找不到匹配的知识需求方时，就会转向其他城市寻求合作伙伴。这样，一个城市的创新主体跨越行政区域边界所进行的知识资源的搜寻、获取、消化吸收和再创造的过程，就构成了城市群知识转移。因此，城市群知识转移是指来自不同城市的企业、高校、科研院所等创新组织根据业务和创新的需要，通过一定的渠道，跨越行政区域边界从知识源获取和转移知识并加以应用的过程。

值得一提的是，关于城市创新的现有研究中，不少文献采用了与知识转移相近的其他概念，如技术转移、研发要素流动、知识流动、知识共享、知识溢出等。这些概念与知识转移既有联系，也有区别。由于技术和研发要素的本质是知识，任何技术都是知识的表现形式，当一种技术发生转移时，构成它的知识也随之实现转移。而且，如前所述，知识既包括技术专利等知识产权，还包括管理方面、市场方面的知识。因此，基于已有研究，本书认为城市创新系统的知识包含技术和研发要素，知识转移包含技术转移。另外，由于人以及由人构成的组织是知识的创造者、承载者和传播者，知识的传递与扩散由人和组织基于某种业务和创新目标来执行和完成，需要发挥人的主观能动性。因此，相比知识流动、知识共享、知识溢出等，"知识转移"更能反映创新主体在城市创新系统传递与扩散知识的能动性特征。

第三节　城市创新研究回顾

随着科技创新对城市经济增长重要性的不断增强，学术界对城市创新的相关研究日益增多，内容主要涉及城市创新模式、城市创新评价、城市创新影响因素和城市创新空间相关性等方面。

一、城市创新模式研究回顾

城市创新系统是政府、高校、企业、研究机构等多个参与创新的主体连接起来的系统。因此，部分文献主要从上述主体以及嵌入主体活动中的要素出发，探究城市创新模式。例如，李宇（2013）侧重于围绕产业和学研机构展开分析，提出了三种产学研合作创新模式，包括区中园模式、一体化模式和虚拟结合模式。其中，区中园模式是指大学科技园建在高新区内；一体化模式是指大学、大学科技园与高新区在合作中既非隶属关系、也非完全独立关系，而是彼此镶嵌、分工有序和有机联动的关系；虚拟结合模式是指区位相隔较远的大学科技园与高新区借助互联网创新平台结合起来的虚拟模式。刘懿锋和孙浩进（2015）借鉴日本产学研合作模式的成功经验认为，我国区域创新系统建设应充分发挥各创新主体的优势，进而构建以高校为主的技术创新推动模式与以企业为主的市场化推动模式相结合的区域内产学研合作联盟，挖掘创新驱动与需求拉动的双重带动路径。崔新健和崔志新（2015）通过回顾已有文献，依据创新主体之间协同关系由简单到复杂的性质特征，将区域创新体系协同发展模式依次分为战略联盟、三螺旋、创新网络和开放式创新等 4 种模式。

　　部分文献从系统功能角度研究城市创新模式。例如，任太增（2015）研究了区域产业协同创新平台的功能及创新模式，认为该平台承担资源集成、共性技术共享、知识产权服务、融资与推广服务、人才培训及服务等多方面的功能。这些功能服务于由企业推动、智力驱动和政府支撑的多种区域创新模式，包括技术创新模式、创意衍生模式和技能扩散模式，这三种模式的长期交互运行共同促进区域产业协同创新的实现。

　　部分文献从创新实现途径的视角研究城市创新模式。例如，潘鑫等（2015）认为获取和学习外部知识是实现省域城市创新的重要途径，从知识学习的深度和广度提出三种省域城市创新模式，即开发型模式、探索型模式和混合型模式。其中，开发型模式是对现有技术进行"深挖"和充分利用；探索型模式是在产品、技术和市场等方面进行合作探索与创新，不断提升核心竞争力；混合型模式则对前两者兼而有之。进一步实证研究得到，当前我国沿海发达省域城市的创新主要是探索型模式，中西部内陆省域城市的创新主要是开发型模式，其余地区省域城市的创新为混合型模式。

　　部分文献从其他视角研究城市创新模式。例如，张立柱等（2006）在对山东省城市创新能力进行评价之后，提出了由济南、青岛、烟台和淄博四大城市的"四大创新圈模式"。郭洪（2014）经分析认为，中关村与其他省域城市政府部门、科技园区、国际组织等多主体的跨区域合作是实现城市创新的一个重要途径，并提出了多种跨区域创新合作新模式，包括发展中关村总部经济、建设产业技术联盟以及开辟"飞地经济"，以促进中关村自身做大做强，同时发挥中关村对国内其他地区创新发展的带动作用。马双和曾刚（2019）从地理开放、区域协同和创新能力3个维度分析2015年我国十大城市群的创新特点，据此划分城市群的创新模式。该研究认为，这十大城市群的创新模式存在显著差异。其中，长三角、京津冀和珠三角城市群属于协同度高、地理开放度好、创新能力强的创新模式；海西城市群的创新模式拥有良好的创新能力和外向联系，但缺乏高水平的内部协同；长江中游和成渝城市群属于协同能力和创新能力差、地理开放度高的创新模式；北部湾城市群的创新模式拥有较好的区域内部协同，但创新能力和地理开放度还不够；哈长、中原和关中城市群的创新模式缺乏内部协同和外部联系，自身创新能力也不突出。

二、城市创新评价研究回顾

城市创新能力是城市创新系统中各要素和行为主体有机组合、开展创新的整体能力，体现了一个城市知识、技术发展的综合情况。城市创新产出投入比是一个非常重要的经济效益指标，相关文献对城市创新能力或效率进行评价。

学术界对城市创新能力评价体系构建进行了研究。创新型城市研究的国际级权威教授兰德里（Landry，2000）认为创新型城市的评价指标包括两大方面：一是硬件指标，指创新型城市构建的基础和城市创新能力提高的必要条件，包括全社会的研发能力、信息和通讯的可获得性与综合教育体系 3 个指标；二是软件指标，指城市的无形资产，包含各类文化设施、城市的多元化、城市的发展历史、城市的地方归属感、城市的危机感、城市的组织能力 6 个指标。世界银行在 2005 年发表的《东亚创新型城市》研究报告中给出了创新型城市评价指标，包括研究能力以及开发与创新能力较强、政府提供有效支持、交通电信等基础设施完善，文化体育娱乐场所充足，居住条件良好，环境适宜居住，包容全世界多样文化的碰撞（Poh et al.，2005）。国内学者也相应地提出了城市创新能力城市指标。例如，陈静等（2019）结合山东省青岛、济南、潍坊、东营、烟台、济宁 6 个国家创新型城市的实际情况，构建了城市创新竞争力的评价指标体系，包括 4 个一级指标和 18 个二级指标，并据此对这些城市创新竞争力进行了评价和实证分析。

部分文献对省域城市内部子区域创新能力和创新效率进行评估。例如，刘永久等（2010）首先构建了城市创新能力的评价指标体系，包括城市的知识创造能力、知识流动能力、企业技术创新能力、创新产出能力、创新环境和创新投入 6 方面要素共 25 个指标，再采用综合指数法对山东省 17 个地级市的创新能力进行了评价和分析。高亚满（2015）基于 2009 ~ 2014 年的知识创造、知识获取、企业创新、创新环境和创新绩效等多个方面的统计数据，综合分析了近年来山西省城市创新能力的排名和变化，并运用数据包络分析法（DEA）对山西省及其他省份 7 个城市的创新绩效进行比较分析。基于联合国开发计划署（UNDP，2001）创立的技术成就指数，许治和邓芹凌（2013）计算了 2001 ~ 2008 年 21 个创新型城市的技术成就指数，从中分析各个城市在新技术扩散、旧技术扩散、人力技能和技术创造环节的分布以及差异性。许治和陈丽玉（2016）进一步测度了 2001 ~ 2011 年 21 个国家级创新型城市的技术成就指数，并利用核密度与马尔可夫链方法分析这些城市技术成就指数的分布变动特征与稳态分布情况，从中发现了这些城市创新能力的动态演进规律。段杰等（2016）运用德尔斐法，评价、分析了深圳自主创新能力。朱鹏颐等（2017）采用超效率数据包络分析方法，基于 2010～2014 年的数据，分析了福建省 9 个地级市科技创新效率及其动态变化规律，并结合马尔奎斯特指数，揭示这些城市科技创新效率变动的深层次原因。章文光和李伟（2017）采用 DEA 方法，从经济产出、科技产出和社会环境效益，评价了我国 53 个国家创新型试点城市创新的综合效率、纯技术效率和规模效益。李妃养等（2018）采用主成分分析方法，基于 2016 年数据，从创新投入、协同创新、创新环境与创新产出 4 个维度评估了广东省 21 个地级市创新能力，并将这些城市分为 4 类，深入分析各类地级市创新能力的优势和劣势。

部分文献对省域城市创新能力和创新效率进行评估。例如，孙凯（2008）运用 DEA 方法，评价和比较了我国 30 个省份的创新投入与创新产出的效率水平。赵文平和杨海珍（2016）基于 2009～2013 年的数据，采用 DEA 方法对西部各个省域城市的创新效率进行评价，并分析了这一指标的地区差异和阶段差异。吴卫红等（2017）采用 DEA 方法，从创新驱动知识发展和创新驱动经济环境发展两个角度构建评价指标体系，基于 2004～2014 年的数据对我国 30 个省份（不包括西藏和港澳台地区）的创新驱动发展效率进行评价，并量化研究了这些省域城市创新驱动发展效率的提升路径。

部分文献对城市群创新能力和创新效率进行评估。例如，傅为忠等（2012）在构建评价指标体系之后，对皖江城市带自主创新能力进行了评价，并比较分析了其与国内其他典型城市的自主创新能力的差异。杨明海等（2017）采用达古姆基尼系数、核密度估计、马尔可夫链等多种方法，研究了京津冀、长三角、珠三角、长江中游、成渝、中原以及哈长 7 个城市群在创新能力方面的差异，并通过分析这些城市群创新能力的时空演变规律，挖掘和寻找不同城市群创新能力存在差距的原因。

三、城市创新影响因素研究回顾

从城市创新效率研究回顾可以看出，我国各城市的创新能力有所不同，城市之间存在经济发展不平衡的现象，因而有必要了解城市创新的影响因素和背后的原因。

部分文献研究了省域城市内部子区域创新的影响因素。例如，吴先慧等（2011）基于1998～2009年的样本数据，采用主成分回归方法，考察了研发投入、经济结构、基础设施、人力资本、对外开放程度和创新政策对深圳创新产出的影响关系。郑琼洁等（2011）研究了东北亚155个城市科技创新能力的影响因素，基于2009～2010年的样本数据，先对这些城市进行聚类分析和判别分析，并划分为四大类，再采用结构化方程模型（SEM）方法分析了政府管理、文化环境和经济环境三大要素对城市科技创新能力的影响关系。刘芳（2019）研究了278个城市的高速铁路与知识溢出对城市创新的影响机制，该研究认为，高速铁路通过加快人才流动过程中的知识溢出，从而促进城市创新发展，并且这一作用呈现出城市之间的异质性。

部分文献研究了省域城市创新的影响因素。例如，魏守华等（2010）研究了创新基础条件、产业集群环境、产学研联系的质量以及对城市区域外部技术溢出的吸收能力对我国省域城市创新能力的影响作用。王崇锋（2015）探究了创新投入、知识相关因素对我国30个省份创新的影响路径和影响关系，结果表明，创新投入、知识溢出对省域城市创新能力具有显著的影响作用，知识溢出还正向调节创新投入对省域城市创新的影响关系。刘艳春和孙凯（2016）考察了前期创新积累、当期的创新投入、对外经济以及空间因素对我国省域城市创新绩效的影响。孙晓阳和詹祥（2016）实证研究了市场化程度、知识流动与我国30个省份创新能力之间的关系，结果得到，市场化程度显著正向地影响省域城市的知识转移和创新能力，但省域城市的知识转移对其创新能力具有抑制作用。修国义等（2017）在对我国30个省份创新驱动能力进行评价之后，分析了高等教育水平、外资开放度、规模经济程度、贸易交流程度、产业结构升级程度等因素对这一能力的影响关系。孙瑜康等（2019）以北京市为例，实证研究了技术机制、产业性质对城市创新集聚的影响关系，该研究的一个结论是，技术机会来源差异是大城市行业间创新活动空间分布差异的一个主要因素。其中，大部分高技术产业的技术来源于基础研究、产业间知识溢出、高技术劳动力，因而往往靠近大学或中心城区；与高技术产业相比，基础研究对中技术产业的影响程度较小；低技术产业的技术机会主要源于本产业的技术反馈，因而创新部门更倾向于分布在郊区的制造业集群中。

部分文献研究了城市群科技创新的影响因素。比如，熊小刚（2014）认为，"中三角"经济区跨省域城市创新系统协同创新的影响因素可划分为三类：一是由创新本身特性决定的必要条件因素，如创新模式、市场需求、专业化分工、创新外溢等；二是环境条件因素，包括地理接近性、社会接近性和行业接近性；三是可持续发展性因素，如城市区域协同度等。叶静怡等（2016）实证研究了长三角城市群的知识溢出、城市间距离对城市创新的影响关系，结果得到，城市间的地理和经济距离会影响知识溢出与城市创新之间的关系，前者的邻近性越高，后者的正向效应越大；领先城市和落后城市的创新都会受到其他城市高校知识溢出的影响，但领先城市创新主要依靠自身研发，落后城市创新自身研发的影响效果不显著。肖刚等（2016）着重分析了时间、空间、地理邻近性对城市群城市创新能力差异的影响，以专利申请总量为主要指标，采用地理集中指数和马尔可夫链方法，基于2000～2014年数据，对长江中游城市群城市创新差异的时空格局演变进行研究，结果得到，空间依赖性是影响城市群创新能力的重要

因素之一，邻域创新环境影响着城市群城市创新差异的演变。杨明海等
（2017）实证研究了京津冀、长三角、珠三角、长江中游、成渝、中原以
及哈长 7 个城市群创新能力的区域差距及其时空动态演进，该研究认为，
空间依赖性是影响这 7 个城市群创新能力的一个重要因素，城市间的创新
能力差距是导致城市群创新能力总体差距的主要原因，邻域创新环境的优
劣对周边城市创新水平发展产生非同步、差异化的影响。李健和鲁亚洲
（2019）在对京津冀科技创新能力体系进行仿真模拟之后，探讨了创新政
策环境和创新资源投入对京津冀创新能力的作用机理。崔志新和陈耀
（2019）基于 2005～2016 年京津冀和长三角城市群 7 个城市的面板数据，
实证分析了城市区域内部和城市区域之间两个层面的技术创新协同影响因
素，结果表明，影响城市区域内技术创新协同的因素主要有知识型人力资
本、企业创新投入密度、主体自主创新、资本开放水平等，影响城市群技
术创新协同的因素主要有知识型人力资本、资本开放水平、技术市场发
展等。

四、城市创新空间相关性研究回顾

部分文献对城市创新空间相关性展开研究。例如，王春杨和张超
（2013）深入研究了城市创新中的空间集聚问题，通过对我国 31 个省份 13
年专利创新产出的分析和判断认为，中国城市创新存在着显著的空间依赖
性和集聚特征，自然形成东部沿海的 H-H 集群和西部内陆的 L-L 集群两个
显著的空间集群①。周灿等（2017）强调构建合作网络以及借此获取外部
知识是区域创新的一个重要途径，经实证研究认为，长三角城市群的各创

---

① H-H 集群是指在该集群中，高创新水平的地区与其他高创新水平的地区相邻。L-L 集群是
指在该集群中，低创新水平的地区与其他低创新水平的地区相邻。

新组织通过构建本地和跨界的组织间合作网络获取外部知识，进而促进创新，而且，组织在合作网络中的位置是影响其知识获取和城市创新绩效的关键因素。鲁元平等（2017）基于我国264个地级市的面板数据，实证研究了城市化、空间溢出对技术创新的影响，该研究认为，城市化带来的人力资本集聚、科教支出增加、空间知识溢出效应是促进技术创新水平的重要原因，即知识溢出和要素流动是城市化过程产生创新的空间溢出效应的内在机理。马静等（2018）以发明专利受理量作为城市创新产出的测量指标，对中国大陆286个地级及以上城市的创新产出分布的时空演化以及空间知识溢出的影响效应展开研究，该研究认为，中国城市创新具有显著的空间相关性，地理邻近与创新网络产生的空间知识溢出效应对城市创新格局产生明显的影响，合理利用空间知识溢出效应有助于加快形成城市协同创新格局。

李涛和张贵（2019）基于16年的数据，对京津冀城市群13个城市科技创新中研发要素流动影响的空间相关性进行考察和研究，该研究认为，这些城市的科技创新存在显著的空间相关性，时间距离和科技距离会对前期知识积累与城市科技创新之间的关系产生影响，时间距离和科技距离的缩短可以显著地降低前期知识积累对城市科技创新的影响程度，交通设施连通性越强和技术水平越接近的城市，越有利于城市间研发要素流动和知识溢出，进而有助于促进城市科技创新。刘和东和冯博涵（2019）研究了省域城市创新空间关联的特征、因素及其影响效应，以我国30个省份为研究对象，基于1999～2016年发明授权、技术市场成交额及空间关联的相关数据，该研究认为，省域城市创新空间关联较多、紧密度偏低、稳健性较高；研发经费、地理距离、外商直接投资是省域城市创新空间关联的主要因素；省域城市创新空间关联的知识溢出存在明显的门槛效应，创新的空间关联既带来显著的正向空间知识溢出效应，又存在"孔雀东南飞"的负向空间知识溢出效应。

第四节 城市创新系统知识转移研究回顾

一、城市创新系统知识转移机制研究回顾

知识转移机制涉及知识转移如何发生的各种方式方法，可包含知识转移的过程、方式、组织管理保障等（左美云等，2010）。从现有研究看，不同文献从不同方面对城市创新系统知识转移机制进行研究。借鉴左美云等（2010）的观点，回顾城市创新系统知识转移的过程、方式、驱动力和组织管理保障等方面的相关研究。

部分文献分析了某一地理范围内的城市区域创新系统知识转移过程。例如，何亚琼等（2006）从知识转移机制出发，分析了区域创新网络中的组织间学习过程，包括知识共享、知识吸收和知识创新三个阶段。这三个阶段均嵌入到企业、高校、科研机构、政府、中介组织以及金融机构等主体结成的正式关系网络，以及区域共同的社会文化背景下个人之间的非正式关系网络。赵大丽和宋魏巍（2011）借鉴已有研究，认为省域城市创新主体在从外部获取新知识之后，需要加以消化吸收和改造，才能充分发挥知识转移的创新效用，因而将省域城市知识转移划分为技术知识的获取、消化吸收和改造三个环节。张振刚等（2011）将区域创新系统内部的知识转移过程划分为知识需求和匹配、知识吸收和整合、知识创造和应用三个过程。易欣（2015）认为，城市轨道交通公私合作项目中的知识转移包括知识发送、知识接受和知识反馈三个主要环节，知识在发送、接受、吸收环节都不可避免地受到一些因素干扰。王欣等（2016）分析了产学研协同创新的知识转移过程，认为这一知识转移活动是基础知识从高等院校或者科研机构转移到企业，技术和工艺知识从企业转移到高等院校或科研机构

的过程，这一过程大致包括准备、实施和终止三个阶段。

肖艳红等（2017）以区域创新系统中的创新企业为知识源、其他主体单位为知识受体，分析了创新企业通过分解—结合的方式向外部主体转移知识的过程。这一过程存在两种情况：一种是逆向知识转移过程经过区域知识库的情形，先是创新企业的知识分解为各个知识单元，存放在内部的组织知识库中，随后以多种方式与区域知识库中的其他知识单元进行结合，形成不同的知识内容，存储在区域创新系统的知识库中。然后，区域创新系统中其他创新主体单位或机构根据自身的知识需求，从区域知识库中识别、获取所需知识，并将这些知识分解为知识单元，存放在组织知识库中，将其与组织原有的知识单元相结合，进行消化吸收后，形成独特的创新知识，为自身所用。另一种是逆向知识转移过程不经过区域知识库的情形，即创新企业的知识内容分解为多种形式的知识单元，再重新通过有序的排列组合，形成外部主体所需的知识内容，转移给外部主体，所转移的知识有一部分直接为外部主体所吸收，还有一部分经过外部主体的分解—结合，形成新知识。

部分文献分析了城市区域知识转移的方式。例如，万幼清和王战平（2007）认为，知识在产业集群内外部传递的途径主要有两种，即人才流动和知识转移。疏礼兵（2008）从网络视角分析了区域集群企业知识转移问题，提出在该情境下知识转移的两种主要形式：一是通过共同合作研发与有目的的学习安排；二是依靠无意识的知识溢出效应和向竞争者学习模仿。罗亚非和张勇（2008）认为，区域科技产业集群存在四种主要的知识转移活动，即企业之间的技术合作、公共研究部门与企业之间的知识转移、技术转移以及人员流动。赵顺龙和范金艺（2009）提出，在区域创新系统中，企业与其他创新组织之间主要借助于合作研发、知识产权转让、人才输出和咨询服务四种方式实现知识在彼此之间的转移。简兆权和刘荣（2010）根据知识转移所涉及的主体，分别从知识、知识源、媒介、知识受体的不同类型来探究区域创新系统知识转移的主要途径，包括无中介的产学研路径、无中介的企业合作联盟、基于交易型中介的产学研路径、基于交易型中介的企业合作联盟、以孵化器为中介的产学研路径、以孵化器为中介的企业合作联盟等。赵大丽等（2011）认为科技研发合作、技术转移和国外技术引进是省域城市创新系统中的三种重要知识转移方式。易欣（2015）认为，城市轨道交通公私合作项目中的知识通过建设管理、运营管理等恰当方式，从知识源转移到知识受体。

　　部分文献分析了某一地理范围内的城市区域知识转移的驱动力机制。例如，何亚琼等（2006）从知识转移本质出发分析了区域创新系统组织间学习过程，认为"环境—利益—意识"是这一过程赖以持续开展的驱动力，具体包括利益驱动、技术创新复杂性和对组织间学习的认同。杨刚等（2012）认为，区域创新集群知识转移的驱动力有政府引导、资本推动、市场需求拉动以及相关利益主体的利益驱动 4 方面因素。

　　部分文献研究了某一地理范围内的城市区域知识转移的保障机制。例如，李彦琴等（2011）认为区域创新集群知识转移的保障机制包括核心机制和外围机制，其中，核心机制主要包括创新机制和信任机制，是创新集群实现知识转移的关键；外围机制主要包括合作机制、沟通机制、共享机制和学习机制，是创新集群实现知识转移的保证。任静和樊泽明（2015）专门研究了跨区域隐性知识转移的技术平台支撑体系，即采用现代化网络设备、多媒体设备以及信息设备，实现隐性知识的获取、表示、转化、传输、接收的一体化远程互动式知识转移，产学研合作是实现区域创新的一种重要知识转移方式。刘懿锋和孙浩进（2015）认为，一个区域要提升创新能力，就要推动技术创新和市场需求相结合的产学研合作、促进各方知识的相互转移与学习应用，应从内部建立动力机制、利益分配机制、组织机制，从外部建立社会机制、政策机制、调节机制。

　　部分文献研究了城市区域之间的知识转移机制。南旭光（2009）从知识及知识载体出发,构建了基于人才流动的两个城市区域之间动态知识连接模型,分析了知识流动和人才流动对城市区域发展的作用机制。叶一军等(2014)提出,政府支持、区域文化一致性、地域邻近性和区域经济发展互补性是驱动跨行政区域知识流动的主要动力,并着重从政府角色定位角度分析了强政府推动型与弱政府扶持型的跨行政区创新主体间的知识流动。

二、城市创新系统知识转移空间结构研究回顾

此部分文献主要研究城市创新系统技术知识转移的空间布局。例如,刘承良等(2018)采用2015年的专利交易数据,分析了我国城市之间技术知识转移的空间格局。该研究认为,北京、深圳、上海、广州是我国城市之间技术知识转移的集散枢纽和中转桥梁,中西部大部分城市处于网络边缘,形成核心—边缘式和枢纽—网络式两种城市间技术知识转移结构;技术知识关联的马太效应凸显,形成以北京、上海、广(州)深(圳)为顶点的"三角形"技术关联骨架结构,技术知识转移集聚在东部地区经济发达和具有高技术能级的城市之间,中西部技术知识转移网络呈现碎片化,我国城市之间技术转移网络形成明显的四类板块。蔡凯和程如烟(2018)基于2006~2016年京津冀专利转让数据,采用社会网络分析方法研究认为,京津冀城市群的技术知识转移网络呈核心—半核心—半边缘—边缘结构,其中,北京在网络中处于核心地位,向其他各地输出技术知识;天津和石家庄处于半核心地位,既承接北京的技术知识转移,也向边缘区输出技术知识;河北省的地级市处于半边缘区和边缘区,主要承接核心区的技术转移功能。段德忠等(2018)采用大数据挖掘技术、地理信息编码技术等多种方法,基于2001~2015年数据对中国城市(如京津冀、长三角和珠三角的城市)技术转移的时空格局、集聚模式进行研究,该研

究认为，中国城市创新技术转移格局经历着空间不断极化的历程，由京津冀、长三角和珠三角主导的三极格局逐渐凸显，且呈现出显著的空间关联与集聚效应，地理邻近性显著。

三、城市创新系统知识转移影响因素研究回顾

部分文献研究了城市区域内知识转移的影响因素。例如，陈金丹、胡汉辉（2010）专门从区域环境视角探讨了产业集群网络对城市区域知识转移的影响，认为产业集群网络是集群内部知识转移赖以进行的环境，必然会对知识转移产生影响，并以南京市大明路汽车销售与服务产业集群为例，采用社会网络分析方法和仿真技术研究了产业集群网络集聚度对南京市知识转移速度和范围的影响关系。杨洪涛和吴想（2012）从知识特征、知识源、知识受体、知识转移情境4个方面分析城市产学研合作知识转移成效的影响因素，并基于对北京、上海等7个城市的调查数据，检验了知识的内隐性和可表达性、知识源的转移意愿和转移能力、知识受体的吸收意愿和吸收能力以及主体之间的信任与沟通对城市产学研合作知识转移成效的影响作用。徐升华等（2014）在研究生态产业集群运行模式的基础上，分析了知识转出企业、知识接受企业、生态产业集群转移情境3方面因素对区域生态产业集群内知识转移的影响，其中，知识转出企业的因素主要包括知识表达能力、知识传递能力和知识转移意愿，知识接受企业的因素主要包括知识吸收能力、知识学习意愿以及竞争压力。生态产业集群转移情境既包括内部因素，如生态产业集群内成员间相互关系的集聚程度、距离、接触频率等，也包括外部因素，如维持生态产业集群发展的政策、法律等。黄莉和徐升华（2015）借鉴关于知识转移影响因素的研究框架，结合区域生态产业集群的特点，分析、总结并提出区域生态产业集群知识转移的影响因素概念模型，其中的影响因素包括：知识转移内容的复

杂性和隐含性，知识发送单元的转移意愿和知识基础，知识接受单元的吸收能力和保持能力，知识转移渠道的形式、丰富度和方向性，以及合作网络稳定性、共同目标、共享文化、信任关系、接触频率、激励机制等方面的知识转移情境。王欣等（2016）在分析了区域产学研协同创新中知识转移的过程后，从知识特性、知识位势、知识源、知识受体、知识转移路径等方面探讨了区域产学研协同创新中知识转移的影响因素。

部分文献分析城市间和城市群知识转移的影响因素。例如，刘凤朝等（2014）基于北京、上海和广东 1985～2008 年的数据，定量考察和检验了地理邻近、技术邻近和关系邻近对四种跨城市研发创新合作模式的影响，结果表明，地理邻近对跨城市区域的企业间、学研机构间合作的影响关系不显著，技术邻近对四种跨城市区域研发创新合作模式的影响关系大多为负相关，关系邻近对四种跨城市区域研发创新合作模式的影响关系大多为正相关。许云（2017）等侧重于分析北京市高校和科研机构与其他地区企业之间的跨城市区域技术转移模式，经定量检验后得到，城市区域间的地理距离、技术距离、政策距离、经济距离等因素对北京高校及科研机构技术输出绩效的影响存在差异。简兆权和郑雪云（2010）从知识源、知识受体、距离、被转移知识以及系统环境 5 个方面出发，分析了泛珠三角区域知识转移存在的障碍，并提出了相关政策和建议。段德忠等（2018）在分析中国城市（如京津冀、长三角和珠三角的城市）技术转移的影响因素后得到，在中国城市技术转移能力的影响因素中，城市创新技术的需求能力和供给能力起决定作用，第三产业产值规模和专利申请量的影响较大，研发人员数量的影响程度较低，而城市第一产值规模则起阻碍作用。

刘承良等（2018）采用 2015 年的专利交易数据，分析了我国城市间技术知识转移的影响因素，该研究认为，城市间技术转移强度受到城市主体属性和城市主体关系两方面因素的影响，前者包括城市的经济发展水平、对外开放程度、政策支持等，后者包括地理、技术、社会、产业的邻近性等。梁琦等（2019）以长三角 25 个城市为研究对象，以这些城市之间历年论文合作发表数据作为知识交流合作的测度指标，研究了创新型城市建设过程中知识交流合作的影响效应，该研究认为，城市经济规模差异、地理邻近与制度邻近作用都是导致城市知识交流合作渠道集聚与网络式溢出的重要原因，其中，地理距离对知识交流合作产生明显的阻碍作用。张翼鸥等（2019）基于 2000 ~ 2015 年的专利数据，实证研究了空间邻近性对我国城市间技术知识转移的影响，该研究认为，中国城市间技术转移存在一定的地域阻隔，多数城市在开展合作创新时，更倾向于与同一城市区域内或地理、技术规模邻近的城市进行专利转移，即我国城市之间产学研合作创新受到地理邻近、技术邻近、社会邻近的正向影响。

四、城市创新系统知识转移影响效应研究回顾

（一）基于研究方法的知识转移对城市创新影响关系研究回顾

部分文献采用定性方法分析了知识转移对城市创新的影响关系。例如，张振刚等（2011）从主体要素环境、区域的文化环境和政策环境以及交互式学习等方面，构建了知识转移与区域创新系统的内在关系模型。如前所述，产学研合作是区域知识转移的一个重要渠道。傅利平等（2013）基于合作创新主体之间的技术知识供求关系，构建了区域产学研合作创新网络内部的知识供求均衡模型，将区域知识转移与产学研合作创新网络演进划分为磨合协调期、规范发展期、螺旋上升期 3 个阶段，并分析了知识转移对各阶段网络内部创新性知识的供给与需求的调节及作用机理。

部分文献定量研究了知识转移对城市创新的直接影响关系。例如，赵大丽等（2011）从知识转移方式着手，选取科技研发合作、技术转移和引进外商直接投资作为知识转移的测量变量，以专利申请受理数量为因变

量，实证研究了我国 30 个省份的知识转移对城市创新能力的影响关系。李淑和夏宇（2012）分析了产学研合作、国外技术转移、国内技术转移、正式交流、引进外商直接投资、国际贸易 6 种知识转移方式对城市创新能力的影响关系，并对我国 29 个省份进行实证研究。王鹏和张剑波（2013）基于 2001～2010 年 30 个省份的数据，考察了以外商直接投资为主要形式的国际知识溢出和官产学研合作对城市创新产出的影响关系，结果得到，外商直接投资对新产品产出具有显著的正向影响，但对专利产出的影响不显著；官学合作、官研合作和产学合作对新产品产出和专利产出都产生了显著的正向影响，但官产合作和产研合作对两类创新产出的影响都不显著。周锐波等（2019）采用我国 275 个地级及以上城市 2008～2016 年的面板数据作为样本，以发明专利授权量为测量指标，以研发投入、人力资本、外商投资、对外贸易作为知识溢出的测量指标，研究了知识溢出对城市创新能力的影响关系，实证结果表明，知识溢出是推动城市创新的重要因素，其中，研发投入对城市及其周边城市的创新能力都具有显著的正向影响，人力资本对城市的正向影响程度较大，但对周边城市产生负向影响，外商投资和对外贸易对城市创新的影响较小。梁琦等（2019）以长三角 25 个城市为研究对象，以这些城市之间历年论文合作发表数据作为知识交流合作的测度指标，采用空间计量方法研究了知识交流合作对创新型城市建设的影响关系，结果表明，城市间知识交流合作关系对与之邻近的城市产生了正外部性。

部分文献定量研究了知识转移对城市创新的复杂影响关系。例如，李艳丽等（2012）以科技研发合作、技术转移和引进外商直接投资三种方式作为知识转移的测量指标，实证研究了知识转移对我国 31 个省域城市创新能力的影响关系，还进一步研究了市场化程度在其中所起到的调节作用，结果得到，知识转移方式对我国省域城市创新能力均具有显著的正向影响，市场化程度对这些影响关系都起正向调节作用。

（二）基于吸收能力视角的知识转移对城市创新影响关系研究回顾

从过程看，城市创新系统知识转移大致经历知识获取、知识消化吸收、知识应用与再造等主要环节。知识获取是城市创新过程中知识转移的前端环节，在此基础上才能进行知识的消化吸收。知识吸收能力是一种动态能力，是影响城市创新能力的一个重要因素，能否有效吸收和利用外部的知识，对城市创新能力提高和经济发展具有重要的影响。尤其是在一些经济落后的地区，科技基础相对薄弱，内部通过自主研发创造知识的能力不足，通过获取先进地区的知识并加以消化吸收，可进行利用式创新，实现技术追赶的"后发优势"。有实证研究表明，获取和吸收城市区域内外的知识是城市创新组织乃至整个城市增加知识的主要途径之一（刘凤朝等，2015）。知识应用与再造是城市创新过程中知识转移的后端环节，与城市创新实践与成果密切相关。由此可见，外部知识的获取与消化吸收对提升城市区域的创新能力发挥着重要的作用。根据本书后面章节研究需要，下面回顾知识获取、吸收能力与城市创新能力之间关系的相关研究。

近20年来，知识转移与区域创新能力之间的关系问题一直是我国区域创新研究的一个热点主题（瞿辉和吴尤可，2015）。城市作为一个特殊的经济区域，其知识转移问题也得到不少学者的关注。目前，国内外文献对知识获取、吸收能力以及城市创新能力作了以下几个方面的探索。部分文献研究了一种或几种知识获取方式对城市创新能力的直接影响关系。例如，原毅军和黄菁菁（2016）定量验证了我国30个省份创新主体之间的产学研合作对城市创新产出的影响。李淑和夏宇（2012）认为，引进外国直接投资（FDI）、国际贸易、产学研合作、国外技术转移、国内技术转移和正式交流（如技术咨询、技术服务），都是城市区域实现知识转移的重要方式，并以我国西藏和青海以外的大陆 29 个省份为样本，先在全国整体上实证研究了这六种知识转移方式对城市创新能力的影响关系，再将 29 个省份归属于东、中、西部，分别实证研究了这六种知识转移方式对城市创新能力的影响关系。王鹏和高妍伶俐（2013）以我国大陆除西藏外的 30 个省份 2001～2010 年的面板数据作为样本，将这些城市分属于东、中、西部三个地区，以大中型工业企业作为城市主要创新主体，选取国外技术引进、国内技术购买和技术改造三种技术知识获取方式，实证检验了全国整体和东、中、西部三个地区大中型工业企业的国外技术引进、国内技术购买和技术改造对城市创新能力的不同影响。侯建和陈恒（2016）采用动态面板门槛模型，基于部分指标数据缺乏的西藏、青海、新疆和内蒙古以外的我国大陆 27 个省份高技术产业，实证研究了国外技术引进和国内技术购买对省域城市创新质量的非线性影响关系，该研究认为，这种影响关系均存在显著的省域城市已有技术水平双门槛效应，当省域城市已有技术水平低于"临界值"时，国外技术引进和国内技术购买的影响作用均不明显，或呈现负向影响，而当省域城市已有技术水平高于"临界值"时，国外技术引进和国内技术购买产生正向的影响作用。

部分文献探究了吸收能力与城市创新能力之间的关系。其中，一部分学者研究了吸收能力与城市创新能力的直接相关关系。例如，刘顺忠和官建成（2001）分别采用论文发表数量和论文引用数量作为省域城市知识创新能力和吸收能力的测量指标，通过对我国各省域城市的实证研究得到，省域城市的吸收能力与知识创新能力具有显著的正相关关系。卡拉格里和尼吉坎普（Caragliu and Nijkamp，2012）的研究认为，吸收能力是导致区域创新绩效存在差异的关键因素，薄弱的吸收能力在一定程度上会导致区域知识外流，并削弱区域对外部知识的解码能力。穆克赫吉和西尔伯曼（Mukherji and Silberman，2013）对美国 106 个城市进行调研后得到，企业吸收能力与城市吸收能力均对城市创新绩效具有显著的提升作用，企业提升自身吸收能力是增加城市创新产出的一个途径，一个城市对外部知识的吸收能力与城市创新绩效显著正相关。詹湘东和王保林（2015）实证检验了知识吸收、知识合作和知识扩散与我国大陆 30 个省份创新能力之间的关系，研究发现，城市对引进国外技术知识的消化吸收、产学研之间知识合作以及基于技术市场技术流动的知识扩散，都与省域城市创新能力显著正相关。但是，笔者认为，此论文用国外技术引进合同金额作为城市区域知识吸收的测量指标，未能准确地反映城市区域知识吸收需要经过创新个体脑力劳动对所引进技术进行加工、处理和内化的本质内涵。朱俊杰（2017）基于 2000～2014 年各省域城市面板数据的研究认为，一个城市的创新能力与吸收能力存在长期稳定的关系，创新能力与吸收能力的长期互动演化是城市创新的动力根源。朱俊杰和徐承红（2017）基于我国省域城市面板数据，研究了吸收能力与城市技术创新与产品创新绩效之间的关系，该研究认为，吸收能力对城市技术创新绩效的影响存在单门槛效应，即一个城市只有当吸收能力强度低于门槛值时，提升吸收能力才有助于本地实现技术突破；吸收能力对城市产品创新绩效的影响呈现复杂的双重门槛效应，且存在最佳的吸收能力强度区间；与产品创新相比，吸收能力对于东、中、西部地区技术创新的促进作用更为明显。另外，还有一些学者研究了吸收能力对城市创新能力的间接影响关系。例如，路娟等（2017）基于 2000～2014 年各省域城市的面板数据，研究了吸收能力在创新绩效与经济增长之间的调节作用。

部分文献聚焦于研究知识获取、吸收能力与城市创新能力三者之间的关系。其中，有些文献研究了知识获取和吸收能力对城市创新能力的直接影响关系。例如，赵大丽和宋魏巍（2011）采用效率评价方法，研究了知识获取、知识消化吸收和知识改造对省域城市创新能力的影响关系，其中的知识获取包括科技研发合作、国内技术购买和国外技术引进 3 种方式。李正卫等（2012）基于各省域城市的面板数据，检验了以国外技术引进等为测量指标的知识获取和吸收能力对城市创新绩效的直接影响作用。刘友金等（2017）基于长江经济带 11 个城市的实证研究得到，产学研协同和基于人力资本的吸收能力都对提高城市创新能力具有显著的正向影响。

另有一些关注吸收能力在知识获取与城市创新能力之间的调节作用。例如，杨菊萍和贾生华（2009）基于浙江省 3 个传统制造业集群的数据，从吸收能力视角实证分析了本地中小企业从龙头企业获取知识的两种方式（非正式交流与协作关系）对龙头企业对中小企业创新的带动作用的影响关系，以及吸收能力在其中的调节作用。该研究认为，知识获取方式与中小企业吸收能力密切相关，吸收能力弱的中小企业通过与龙头企业的非正式交流获取知识能够实现有效的城市创新带动，吸收能力强的中小企业通过与龙头企业的协作关系获取知识能够实现有效的城市创新带动。刘凤朝等（2015）基于 2006～2010 年各省域城市的面板数据，对电子信息和生物医药领域的实证研究认为，在不同技术领域，知识吸收能力在技术交易网络与城市创新产出之间关系的调节作用存在较大差异。王欣（2016）以人力资本、对外开放度等作为吸收能力的测量指标，以苏、浙两省地级市面板数据作为样本，实证检验了吸收能力在外商直接投资与地级市创新能力之间的调节作用。孙鲁云和何剑（2017）基于 2001～2015 年我国 30 个省份的面板数据，从人力资本视角实证研究了国外技术引进与城市创新能力之间的非线性关系，该研究认为，以人力资本为门限变量，不管人力资本水平低于还是高于门限值，国外技术引进对提升城市创新能力均具有显著的促进作用。李健旋和程中华（2017）基于我国各省域城市 2003～2014 年的面板数据，以研发资本存量和研发人力资本测量吸收能力，实证分析了吸收能力在产业内专业化知识溢出与省域城市创新能力之间的调节作用，该研究认为，专业化知识溢出效应为负，其中主要原因是吸收能力低。

但是，对于吸收能力在知识获取与创新能力之间中介作用的研究，现有文献主要定位于企业层面，很少定位于城市区域层面。例如，甄丽明和唐清泉（2010）采用结构方程模型，以上海和深圳的上市公司制造类企业为研究对象，实证研究了内部吸收能力在外部技术引进和企业创新绩效之间的中介作用。瞿孙平等（2016）基于对169家企业的问卷调查数据，实证研究了吸收能力在知识搜索与企业创新绩效之间的中介作用。叶江峰等（2016）基于江苏、浙江和上海的261个创新型样本企业问卷数据，实证分析了知识重构和吸收能力在识别外部知识异质度与企业创新绩效之间的中介作用。李星和贾晓霞（2016）以"长三角"城市群和环渤海城市群的海洋装备制造企业为研究对象，研究了吸收能力在隐性知识转移与企业创新绩效之间的中介作用。张晓芬和刘强（2017）采用结构方程模型，实证研究了潜在吸收能力和现实吸收能力在技术许可引进、关系学习等外部知识源化战略与企业突破性创新绩效关系间的中介效应。

五、城市创新系统知识转移效率评价研究回顾

城市创新系统知识转移效率是指一个城市的创新系统中知识资源在各创新主体之间合理配置和运用，通过系统内部运行机制的合理协调，使得知识资源的潜能得到充分发挥，从而使得有限的知识资源投入能为创新系统创新活动创造出最大限度的收益（刘晓静，2011），即城市创新系统知识转移的投入产出比。城市创新系统知识转移的效率评价方法有DEA、随机前沿方法（SFA）以及其他方法。

部分学者采用DEA方法对城市创新系统知识转移效率进行分析。例如，马永红和于渤（2010）构建了创新系统知识共享绩效评价指标体系，基于2007年的统计数据，采用复合DEA方法，对我国31个省份知识共享绩效进行计算和测评，并分析存在差异的原因和影响因素。赵大丽和宋魏

魏（2011）基于2004～2008年的面板数据，采用DEA方法，评价了我国31个省份知识转移效率，并识别主要的影响因素。尹极等（2015）基于2002～2011年的面板数据，分别采用DEA方法对我国30个省份的研发知识转化效率进行静态和动态的研究，据此得出各省域城市研发知识转化效率的排名。

部分学者采用SFA方法对城市创新系统知识转移效率进行评价。例如，王晓红和胡士磊（2017）侧重于研究省际高校产学合作这一知识转移方式，基于2009～2015年我国24个省份的面板数据，采用SFA方法测算了我国省际高校产学合作效率及其城市间差异，实证研究了地方政府支持、市场中介组织发育及知识产权保护3个外部环境因素对高校产学合作效率的影响关系。与DEA评价方法相比，采用SFA方法测算和评价城市创新系统知识转移效率的研究较少。

部分学者采用其他方法对城市创新系统知识转移效率进行评价。例如，易欣（2015）研究了城市轨道交通公私合作项目运营中知识转移绩效，先采用平衡计分卡从项目盈利能力、公众满意度、个人学习效果、组织学习效果4个维度构建了评价指标体系，再采用模糊物元评价方法，提出了城市轨道交通政府与社会资本合作项目知识转移绩效评价的新模型，然后以北京地铁4号线项目为例，实证分析该项目知识转移绩效评价，结果得到，提高知识转移绩效有利于促进城市轨道交通公私合作项目成功。

六、京津冀协同创新与知识转移研究回顾

京津冀协同发展是国家的一项重大战略，是推动区域经济协同发展的重要举措，而创新是推动京津冀协同发展的关键。从知识创造过程和创新本质看，城市创新能力的提高依赖于城市自身的知识积累和人力资源、经费等相关投入。同时，地理位置相邻的多个城市之间的知识转移与流动能够加速知

识在城市之间扩散，进而推动城市协同创新实施进程。因此，部分学者对京津冀协同创新与知识转移的相关问题展开研究。由于本书将着重分析京津冀地区各城市区域内部的知识转移与城市区域之间知识转移的交互演化规律及其对城市协同创新的作用机理，因此，下面主要对相关研究进行回顾。

部分文献研究了与京津冀协同创新发展议题相关的知识管理问题。例如，王宗赐等（2010）基于熵理论，定量评价了京津冀地区各城市知识能力不均衡程度，该研究认为，京津冀城市群的知识能力不均衡，且不均衡程度在近年来保持稳定，北京知识转移能力一股独大，占绝对优势。陈凯和王珂（2015）测度了京津冀城市群知识溢出效应，并分析背后的原因，该研究通过构建计量模型和借助矩阵实验室软件进行回归分析，进而测度出京津冀城市群知识存量的总效应、直接效应和间接效应，以及京津冀城市群地级及以上行政单位区县的知识溢出效应，结果得到，北京、天津地级及以上行政单位区县的知识溢出正效应显著，且远高于河北八市，这与政府职能发挥、行政区划与经济区域差异、产业链断裂、知识产权保护到位与否等密切相关。廖志江（2014）分析和设计了基于知识流动的京津冀跨行政区域知识联盟协同创新发展策略。李涛和张贵（2019）认为，研发要素是城市科技创新的重要影响因素之一，研发要素流动主要通过知识溢出、创新网络和资源优化配置对城市创新产生影响作用，并基于2002～2017年的数据，实证研究了研发要素流动对京津冀城市群13个城市科技创新的影响。结果得到，从知识存量看，前期的知识积累对城市科技创新具有重要影响，从知识流量看，知识溢出强度亦对城市科技创新产生重要影响，但这一影响受到城市之间交通设施连通性和技术水平接近程度的限制。

部分文献分析了城市区域内部知识转移与城市区域之间知识转移的活动机理。例如，赵大丽和宋魏巍（2011）认为省域城市创新主体在从外部获取新知识之后，需要加以消化吸收和改造，才能充分发挥知识转移的创

新效用，并在此基础上评价了我国各省域城市的知识转移效率。王欣等
（2016）分析了产学研协同创新的知识转移过程，认为这一知识转移活动
是基础知识从高等院校或者科研机构转移到企业，技术和工艺知识从企业
转移到高等院校或科研机构的过程，这一过程大致包括准备、实施和终止
3 个阶段。南旭光（2009）从知识及知识载体出发，构建了基于人才流动
的两个城市区域之间动态知识连接模型，分析了知识流动和人才流动对城
市发展的作用机制。

部分文献从交互演化和共生视角研究城市创新系统的知识管理问题。
张红宇等（2016）分析了创新网络中企业、大学、科研机构等组织之间的
交互学习与信任演化所呈现的共生效应，及其对创新网络知识扩散效率与
运行绩效的影响。单子丹和高长元（2013）研究了跨城市区域高技术知识
网络的内在演进过程以及嵌入其中的知识轨迹的发展进程，并以苏州、成
都、深圳、上海等多个城市的云计算创新平台知识网络作为案例，分析知
识网络的运作周期以及其中的知识传导路径和发展轨迹。王鹏和王艳艳
（2015）以内地和香港的科技创新合作及技术知识溢出为例，从共生网络
角度研究了跨城市区域创新合作发展的关键影响因素。

第五节　研究述评

从上述研究回顾可以看到，关于城市创新的模式、效率评价、影响因
素等方面的研究较为丰富，也有不少学者从知识管理视角研究城市创新系
统问题，尤其是研究城市创新系统的知识转移问题，这说明城市创新系统
知识转移研究具有重要的理论价值和实践意义。这些研究能为本书研究城
市创新系统知识转移的机制和影响效应提供良好的研究基础和有益借鉴。
但是，现有文献仍存在一些研究不足，关于城市创新系统知识转移问题，

仍存在一些值得思考和有待进一步深化研究的地方：

首先，关于城市创新系统的知识转移机制与模式，现有文献作了不少研究。但是，这些研究相对零散，尚未较全面地分析城市创新系统知识转移的过程、方式、驱动因素等。另外，动态联盟是城市创新系统的一种重要的创新合作组织方式，但现有文献较少对城市创新系统动态联盟的知识转移机制与模式作深入而全面的分析。

其次，关于知识转移对省域城市创新的影响关系，现有文献开展了不少研究，能为本书提供良好的研究基础。但是，这些文献大多关注知识转移对省域城市创新的直接影响关系，少数研究了知识转移对省域城市创新的间接影响机制。从知识转移过程机制看，对外部知识的获取、消化吸收和改造都是省域城市创新的不可缺少的重要环节。当前，部分文献从知识消化吸收视角研究了知识转移与省域城市创新能力之间的关系，也有部分文献研究了企业层面吸收能力在外部知识获取与企业创新绩效之间的中介作用，但多数文献聚焦于分析吸收能力在知识获取与省域城市创新之间的调节作用。总体来看，少有文献研究吸收能力在外部知识获取与省域城市创新之间的中介作用。

关于知识转移对省域城市创新的影响关系研究，从知识转移测量变量的选择来看，不少学者选用知识转移方式作为知识转移的测量变量，不同文献因研究目的的不同，所选用的知识转移方式有所不同。但是，笔者认为，现有文献所选用的城市区域知识转移方式往往不够全面，或主要涉及能带来长期知识合作效益的产学研合作，或主要涉及偏向短期效益的、具有交易性质的国内技术购买和国外技术引进，很少有文献综合研究这三种知识获取方式对省域城市创新能力的影响。而且，产学研合作比较适用于隐性知识转移，国内技术购买和国外技术引进比较适用于显性知识转移，综合研究这三种知识获取方式也是城市创新实践所需。也就是说，现有文献在研究知识转移对省域城市创新的影响关系时，所选取的知识转移方式较少能很好地兼顾知识的显性与隐性特征以及知识转移所带来的长短期效益。基于此，有必要科学地选取知识转移方式，以较全面地反映城市区域知识转移的内涵，并系统而深入研究这些知识转移方式对省域城市创新的影响关系和作用机制。

关于知识转移对省域城市创新的影响关系研究，从研究方法看，虽然不少定量研究文献在评价我国省域城市创新和评价省域城市知识转移效率的同时，兼顾分析了知识转移对我国省域城市创新效率的影响，但因其侧重点在于评价省域城市创新效率，导致对知识转移与省域城市创新效率之间关系及其省域城市差异的研究不够深入。另有一些文献对知识转移与省域城市创新之间关系的研究只通过建立数理模型进行理论分析，缺乏实践数据的支持和验证，导致其研究结论不够具有说服力。由此可见，有必要采用计量经济学方法，基于多年的样本数据实证检验知识转移对省域城市创新能力的影响关系。

再次，从省域城市内部子区域创新系统的研究现状看，现有文献主要对该类城市创新能力进行评价，有少数一些文献研究了该类城市创新的影响因素，如空间邻近性、知识存量、研发要素流动等，也有少数文献研究了知识转移对该类城市创新的影响关系。北京市作为全国科技创新中心，科技智力资源丰富，科技创新能力强大，在服务国家创新驱动战略方面做出重要的贡献。因此，北京市的科技创新在全国具有明显的代表性。对于北京科技创新系统，少量文献研究了技术知识转移的模式、特征、影响因素等，但少有文献研究技术知识转移对北京创新能力的影响效应，更是很少有文献研究知识转移对北京各城区创新能力的影响关系。

最后，作为城市的延伸，城市群协同创新显得日益重要。关于城市群的知识转移问题，现有文献对城市区域内知识转移机制及其对城市创新的影响关系，以及城市区域间知识转移的模式和影响效应展开了研究，但尚未有文献深入分析这两种知识转移活动之间的互动关系。京津冀协同创新是国家一大发展战略，京津冀旨在发展成为世界级城市群和全国创新驱动经济增长新引擎。在此过程中，必然存在北京、天津和河北地区内部知识转移、城市区域间知识转移以及二者之间的互动。虽有文献从共生理论视角研究知识管理问题，但尚未有文献从这些视角研究京津冀城市群的城市区域内知识转移与城市区域间知识转移之间的互动关系。因此，有必要对京津冀协同创新过程中城市区域内知识转移与城市区域间知识转移的交互演化关系以及对该城市群协同创新的作用机理进行探索。

针对以上研究不足，本书将基于区域发展、创新和知识管理等领域的相关理论观点，以及城市创新系统知识转移的相关研究，深入探索以下几个问题：

一是城市创新系统的知识转移机制。理清城市创新系统的知识转移机制是基础工作，有助于后续章节研究的开展。本书将借鉴已有研究，界定城市创新系统知识转移的含义，分析城市创新系统知识转移的过程、方式和驱动力。

二是城市创新系统动态联盟知识转移机制。鉴于动态联盟是城市创新系统的一种重要的创新合作组织方式，本书将在已有研究基础上，梳理城市创新系统动态联盟的形成动因，分析城市创新系统动态联盟知识转移的过程及其微观机制，进而剖析动态联盟知识转移过程中的知识创造环节的内在机理，并探讨动态联盟知识转移的组织驱动力及其作用机制。

三是知识转移对省域城市科技创新的影响效应。本书将综合城市创新与经济发展实践需求和现有理论研究不足，结合城市创新系统知识转移的过程和方式的研究结果，选取产学研合作、国内技术购买和国外技术引进作为城市区域知识获取的三种方式，并以吸收能力作为中介变量，基于我国 30 个省域城市的面板数据，定量研究城市区域知识转移过程中的知识获取、消化吸收对城市创新的影响机制，包括三种知识获取方式对省域城市创新的直接影响关系以及吸收能力在其中的中介作用。由于产学研合作主要是实现隐性知识的转移，比较适用于长期的合作创新，国内技术购买和国外技术引进主要是实现显性知识的转移，比较适用于短期的技术知识交易，知识的消化吸收则是两类知识转移都需要经历的环节。因此，本书所选取的知识转移测量变量，能够兼顾显隐性知识类别以及知识转移给组织带来的长短期效益。

四是知识转移对北京市各城区创新能力的影响效应。本书将构建计量经济模型，选取以技术合同成交额为测量指标的科技合作、以政府科技财政支出为测量指标的研发活动、以实际使用外商投资额为测量指标的外商直接投资作为知识转移的三个测量变量，以专利授权数作为创新能力的测量指标，定量研究知识转移对北京各城区创新能力的影响关系。

五是京津冀城市群知识转移的交互演化以及对协同创新的作用机理。本书在明确京津冀城市群城市区域内知识转移与城市区域间知识转移的概念的基础上，基于共生理论，通过建立数理模型，重点分析这两种知识转移活动交互演化中的三种关系，包括寄生型交互、合作型交互和依存型交互，这三种关系随时间推移和京津冀城市群协同发展的推动而处在演进过程中。同时，本书还探讨了城市区域内与城市区域间知识转移对京津冀城市群协同创新的作用机理。

基于以上研究的结论，本书将提出相应的管理策略和建议。并且，梳理本书研究的理论与实践意义，指出本书研究局限，提出未来研究展望。期望通过这些研究，能丰富城市创新系统知识转移的理论研究，深化城市创新系统知识转移的实践意义。

第三章 城市创新系统知识转移机制

CHAPTER 3

第一节 城市创新系统知识转移的基本内涵

一、城市区域内知识转移的含义

城市创新系统知识转移是指城市区域范围内的企业、高校、科研院所、中介服务机构等根据业务和创新的需要，通过一定的渠道，从知识源组织获取和转移知识到知识受体组织，并被后者吸收、应用的过程。从社会网络视角看，如果将城市创新系统视为一个社会网络组织，那么这些主体就是这个网络上的结点。这些结点往往不是孤立存在的，而是在各种业务合作的驱动下，或多或少存在某些方面的联系。如前所述，企业、高校和研究机构之间形成的产学研合作是一个典型的例子。在企业与高校和科研院所的合作过程中，存在着从企业到高校和研究机构的"技术难题"的转移，从高校和科研院所到企业的"技术知识"的转移，以及这些创新主体与中介机构之间基于知识服务、技术咨询等方面的知识转移。因此，城市创新网络内部各结点之间的联系嵌入着各种从知识源到知识受体的知识转移活动，这就是城市区域内知识转移（见图 3-1）。

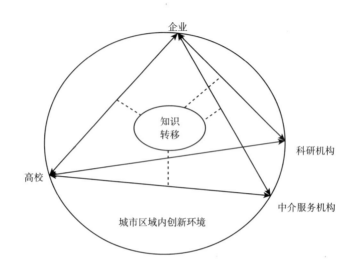

图 3-1　城市区域内知识转移的概念模型

注：图中双箭头实线代表城市区域内创新主体彼此之间的联系，虚线代表知识转移发生于城市区域内创新主体之间。

由于市场在不断发展，消费者需求在不断变化，并不断产生出新的市场需求，促使企业不断与高校、科研院所进行合作，企业与高校和科研院所之间不断进行"技术难题"与新技术知识的转移。因此，在城市创新系统中，企业、高校、科研院所和中介服务机构之间的知识转移过程是循环往复的，推动着城市创新持续开展，进而不断提升城市创新能力。

同时，城市知识转移的有效开展离不开创新环境的支撑，这些环境包括：政府为推动城市创新和知识转移而设立的各项政策法规、规章制度和技术标准等；金融机构为企业技术购买等提供的资金和信贷服务；城市合作网络和城市知识转移的技术平台建设；城市知识共享文化等。各项政策法规、技术平台是促进和保障城市区域内知识转移的硬条件，城市知识共享文化是催化城市区域内知识转移的软因素。尤其是文化软因素，如城市区域内的社会规范、办事规则、惯例、价值观和彼此信任感等，对促进城市知识转移具有重要的作用。共处在同一城市区域文化环境中的创新主体，更容易形成彼此间的相互信任氛围，更容易形成一种共同的沟通和理解模式，使得隐性知识的转移与共享变得更容易。金融机构能够为企业的技术购买等提供信贷服务，满足企业创新与知识转移过程中的资金需求。这些都是城市区域内创新主体之间开展创新合作与知识交流的重要条件和环境基础，都有助于降低城市创新合作网络中知识转移的协调成本和交易成本，维持合作创新网络的稳定性，进而促进网络中各创新主体之间的知识转移。总的来说，基于创新环境因素的支撑，由市场需求推动，企业、高校、科研院所和中介服务机构之间发生着各种方式的知识转移，包括科技合作、技术购买或转移以及技术引进等。这些方式的知识转移活动使城市内部分散和闲置的知识资源"活跃"起来，对促进城市创新有效开展产生重要的作用。

值得注意的是，不管是竹内弘高和野中郁次郎（2005）提出的社会化－外化－组合－内化（SECI）的"知识螺旋"模型，还是苏兰斯基（Szulanski，1996）、坤和张（Kwan and Cheung，2006）等其他学者提出的知识转移过程，都有一个共同点，即基本认同知识转移是从知识源到知识受体的单向转移过程。在城市创新过程中，企业、高校、科研院所、中介服务机构等单个创新主体既可能是知识源，也可能是知识受体。这是因为，受市场需求推动，这些主体中的任何一个都可能存在为完成某一任务的知识需求，需要其他主体提供知识。至于这些主体具体扮演哪个角色，是知识源还是知识受体，需要根据其在完成任务时所需知识或所提供知识的情况而定。尽管如此，在城市创新系统每一次具体的知识转移过程中，每个主体都只扮演一种角色，或为知识源，或为知识受体，实现从知识源到知识受体的单向知识转移。

二、城市区域间知识转移的含义

城市群打破了行政区域阻隔，强调多个城市的合作与分工，是建立在多个城市区域创新系统之上的区域创新集群，通过协调、组织不同城市区域内的创新主体，将各城市联结为一个密切联系、相互作用的合作创新网络。在城市群创新系统中，普遍存在拥有较高知识势能的知识源向拥有较低知识势能的知识需求方转移知识的现象。该现象产生的原因，是不同城市的经济发展水平和技术知识能力水平存在差异，当作为知识需求方的创新主体在所在城市区域内无法找到合适的知识源，或是知识源找不到匹配的知识需求方时，就会转向其他城市寻求合作伙伴。这样，城市的创新主体跨越行政区边界所进行的知识资源的搜寻、获取、消化吸收、利用和再创造的过程，就构成了城市区域间知识转移（见图 3 - 2）。显然，城市区

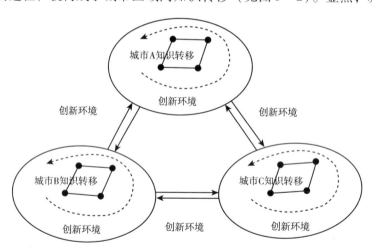

图 3 - 2　城市区域间知识转移的概念模型

注：实线圆圈代表各个城市区域，实体圆圈代表各城市区域内的企业、高校、科研机构、中介服务机构等创新主体，实线直线代表创新主体之间基于知识交互学习的联系，虚线曲线箭头代表知识资源在创新主体之间转移，实线直线箭头代表知识资源在不同城市之间转移。

域间知识转移有利于知识资源及其他创新要素在各城市创新主体之间的流动和利用，共同推进多个城市创新能力的提升，有助于促进协同创新。

三、城市创新系统知识转移的内在机理

不管是城市区域内知识转移还是城市区域间知识转移，企业、高校、科研院所、中介服务机构等各创新主体之间的知识转移机理具备一定的理论支撑。一是共生理论，该理论强调多个物种为生存的需要，依据某种联系、按照某种模式互相依存和相互作用，协同进化（袁纯清，1998）。在城市创新系统中，企业、高校、科研院所、中介服务机构等因业务合作而紧密联系在一起，各主体之间通过知识转移形成了一种互惠共生、和谐发展的关系。因此，城市创新系统主体间战略合作和知识转移的机理可用共生理论加以解释。

二是知识势差理论。知识势差理论的观点是，不同个体或组织所拥有的知识资源的质和量不同，存在一定的差距，当一方拥有的某种知识为另一方所需但又欠缺时，即前者拥有较多或较好的知识，后者拥有较少或较差的知识，就形成不同主体之间的知识势差。知识势差的存在，是驱动知识传播、扩散与转移的一股重要力量。在城市创新系统内，普遍存在由知识势能高的一方（即知识源）向知识势能低的一方（即知识受体）转移知识的现象。例如，在产学研合作中，当高校和研究机构向企业转移新技术时，前两个机构就成为知识势能高的知识源，企业就成为知识势能低的知识受体。受知识势差的驱动，知识受体从知识源获取知识，将此知识与自身原有的知识基础相结合，形成新知识。当这种新知识为原来的知识源或其他企业所不具有时，也形成知识势差，该企业反过来成为知识势能高的知识源，向需求方转移新知识。如此循环往复，知识势差驱使各种知识在城市和城市群不断转移和扩散，不断地增殖和

创新，从而不断地产生新知识和新技术。基于此种知识转移路径，创新系统知识总量不断增加，城市创新能力和城市群协同创新能力均不断得到提升。

第二节　城市创新系统知识转移的过程

本书综合信息通讯理论视角、项目管理视角、组织学习视角的知识转移过程划分方法，将城市创新系统知识转移过程划分为六个环节，包括知识匹配、知识获取、知识扩散、知识消化吸收、知识应用与创造、知识反馈（如图 3 - 3 所示）。其中，知识匹配、知识获取和知识反馈属于组织间知识转移环节，知识扩散、知识消化吸收、知识应用与创造属于组织内知识转移环节。另外，经过这六个知识转移环节后，知识源的知识将得到升华，在较大程度上优于原有的知识状态。因此，本书认为，城市创新系统知识转移过程所伴随的知识状态呈螺旋上升状变化。

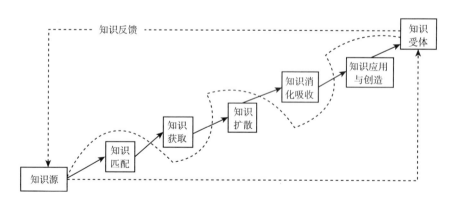

图 3 - 3　城市创新系统知识转移的过程

注：中间部分的实线箭头表示知识转移过程，虚线箭头表示知识转移所伴随的知识状态呈螺旋上升状变化。

一、知识匹配

知识匹配来源于知识需求，是城市创新系统知识转移过程的开端。在合作创新中，创新主体的知识需求来源于以下几种情况：自身尚未具备创新合作所需的某一方面的优势知识；自身现有知识水平与实现某一发展目标所需的知识水平存在差距；自身内部欠缺生产某一产品及服务所需的知识等。知识需求方存在知识缺口，为弥补这一缺口，知识需求方开始搜寻知识源和可匹配的知识。若知识需求方寻找到拥有自身所需知识的知识源，双方就共同进行知识匹配。当知识需求方寻找到某一知识源，若发现后者未能提供有用知识时，就此放弃，继续寻找下一个知识源，直到找到合适的知识源。在知识匹配环节，知识源的工作是明确自身知识库中是否存在知识需求方所需的知识，若存在，则知识需求方与其确定合作关系和所要匹配的知识内容，经知识转移，成为知识受体；若不存在，则立即停止知识匹配活动。例如，一家从事产品（如矿泉水瓶）喷绘业务的企业要改进喷绘技术，需要寻找研发 3D 打印技术的大学进行合作，从中获取和转移技术，改进相关的知识。若企业寻找到某所大学，发现其未能提供自身所需的技术知识，双方就放弃合作。随后，企业继续寻找，直到寻找到能够提供自身所需的喷绘技术改进知识的某一所大学，双方确定创新合作关系和知识转移的内容范围，并根据需求进行知识匹配，为下一步的知识获取打下基础。

随后，双方不断地了解彼此的知识需求和知识供给状况，开展具体的知识匹配工作。若技术交易机构等中介组织参与其中，能起到更好地促进这一过程的作用。在知识匹配阶段，只有当知识需求经过反复匹配并选择到合适的知识，知识受体才能有效开展下一阶段的知识获取工作。

二、知识获取

知识受体在与知识源对所需知识进行反复匹配后，获取这些知识就成为城市创新系统知识转移过程中至关重要的一个环节。由于高校和科研院所聚集了大量的高科技人才，并储备了丰富的解析型、综合型、符号型等各类知识，因此，本书以企业为知识受体，高校和科研院所为知识源，解释城市创新系统中的知识获取活动。根据知识特征，企业所需的知识可进一步分为两类：一类是能够加以表述和编码的显性知识，如报告、产品说明文档、专利等，主要为解析型知识；另一类是高度个性化、难以编码成文档的隐性知识，如研发技术知识、某个技术问题解决技巧、某种设计与文化制具等，主要为综合型知识和符号型知识。显然，这两大类知识的获取方式有所不同。对于第一类知识，企业易于通过文档、电子邮件等形式获取，并将其存入公司知识库，成为组织内部的知识资源。对于第二类知识，企业往往难以直接获取，需要借助不同组织成员之间的沟通交流、"师傅带徒弟"、经验传授等方式，将高校和科研院所的隐性技术知识先内化到企业员工的脑海中，再转化为组织知识。

三、知识扩散

以企业为知识需求方和知识受体，高校和科研院所为知识源，企业在从外部的高校和科研院所获取所需的相关知识后，在组织内部对这些知识进行扩散并广泛传播。上一环节获取的知识包括显性知识和隐性知识。其中，显性知识的扩散路径和方式方法较为简单、方便，如培训材料、文档、电子邮件等。而隐性知识往往难以直接编码化，要想充分利用和挖掘这些知识的内在潜能，主要是通过企业员工之间的沟通交流、传帮带、培训等形式进行扩散。通过这些扩散形式，一部分隐性知识可得到显性化，转化为可编码化的会议内容、经验总结文档、培训材料等显性知识，存储在企业知识库中；另一部分隐性知识则直接内化为员工头脑中的隐性知识。显性知识和隐性知识在企业内部的扩散，为下一环节的知识消化吸收奠定基础。

四、知识消化吸收

知识消化吸收是城市创新系统知识转移过程的核心环节。以企业为知识需求方和知识受体，高校和科研院所为知识源，企业需要在对外部知识扩散的基础上，对这些知识进行消化吸收。在知识消化吸收环节，企业鼓励内部员工要根据任务性质，将在内部扩散的外部知识进行梳理、消化和吸收，并将这些知识与企业内部的旧知识加以整合，形成执行任务所需的有用知识，用于完成预期的任务目标。这一环节既能融合形成更加优越的知识，也有助于产生新知识，因而有助于为企业知识库注入"新鲜血液"。在知识吸收过程中，若知识受体的知识基础与自主创新能力较强，可以通过自主吸收的方式对外部知识进行消化吸收；若知识受体的知识基础与自主创新能力较弱，则需要从知识源组织引进高科技人才或专家，辅助消化吸收，以突破知识瓶颈。

五、知识应用与创造

知识应用与创造是城市创新系统知识转移的重要目的。以企业为知识需求方和知识受体，高校和科研院所为知识源，知识应用是企业基于自身的知识基础，对从外部获取的知识进行消化吸收后，用于完成预定的组织任务，以实现绩效目标。具体而言，企业将从外部获取的知识用于改进原有产品、提高服务质量或研发新产品，并推向市场，实现商业化目标。简而言之，知识应用就是知识受体将从外部获取的知识应用于生产实践中，转化为产品和服务，以实现这些知识的商业价值。另外，企业在应用外部知识的同时，还可能存在创造新知识的行为和现象。企业基于自身的知识基础和创新能力，结合这些外部知识，创造出新知识、生产出新产品或服务原型、形成新的工作程序等，更好地服务于企业，促进企业开启新一轮的知识应用。

六、知识反馈

为确保城市创新系统知识转移实现预期的目的，如促进城市区域知识流动、满足创新主体的知识需求和创新需要、提升城市创新绩效等，需要对知识转移活动的效果进行评价，即知识反馈环节的工作内容。具体而言，城市创新系统中的知识受体对该知识转移活动是否改进自身的创新绩效、自身的知识能力是否得到提升以及该知识转移活动的成本收益比等方面进行评价；然后，将评价结果反馈给知识源，促使后者评估自身所转移知识的有用性和适用性、明确自身所拥有知识的内容范围、总结知识转移效率与效果等。通过双方主体的共同努力，能明晰当次知识转移活动的优缺点，从而有利于改进后续的知识转移活动、提升知识转移效果。因此，知识反馈也是城市创新系统知识转移的一个重要环节，有助于保障知识转移效果。

第三节　城市创新系统知识转移的方式

城市创新系统知识转移需要通过多种方式才能得以实现。对于知识转移方式，现有文献大多基于汉森等（Hansen et al.，1999）提出的编码化转移和个性化转移这两种策略展开研究。在城市创新系统中，技术是最主要的知识资源，大多数学者在研究知识转移时，主要研究技术知识的转移问题。本书借鉴已有研究，主要分析和阐述城市创新系统知识转移的五种方式，包括科技研发合作、国内技术购买、国外技术引进、行业培训与交流和人才流动，这些方式涉及知识的个性化和编码化转移。

一、科技研发合作

科技研发合作是指城市或城市群的大学、科研院所、企业、中介服务机构等各个创新主体通过研发合作而相互转移知识。在竞争激烈的社会，企业独自进行自主创新将面临周期长、风险高、成本大等诸多难点。因此，越来越多的企业开始倾向于与城市区域内外的其他企业、高校和科研院所等其他创新主体进行合作，利用各自的优势资源，联合进行新技术、新产品等的研究开发。在城市创新系统中，科技研发合作是一种常见而又非常重要的知识转移方式。其主要原因是，受业务和创新目标驱动，企业、高校、科研院所、中介服务机构等创新主体构成合作创新网络，彼此之间直接或间接地进行基于知识转移的研发合作。

科技研发合作的典型例证是产学研合作，其中嵌入着企业与高校、科研院所之间的知识转移。例如，当某一高校与某个企业合作研发某一课程软件时，在软件设计之前，高校将课程内容、特征及其对软件的需求等"知识"转移给企业。企业据此设计课程软件，并将设计结果转移给高校，根据高校的意见进行调整。随后，企业进行调研和软件研发，在研发过程中不断与高校进行互动，相互转移关于软件技术、研发方法、课程需求等方面的知识。在课程软件测试时，企业和高校的相关人员都参与其中，高校人员观察、发现和反馈课程软件存在的一些漏洞以及格式问题等，将这些"知识"传递和转移给企业研发人员。企业研发人员据此修改、完善软件，并向高校人员转移关于软件设计与研发方面的知识。在课程软件投入使用的最初阶段，也可能发生测试阶段双方的知识转移情况。显然，这些过程既涉及如技术问题清单、课程内容、软件使用说明书等显性知识的转移，也涉及人员之间关于技术问题解决技巧等隐性知识的互动交流。可以看出，科技研发合作会涉及个性化知识转移和编码化知识转移两种方式，但更多地涉及个性化知识转移方式。

另外，当中介服务机构参与企业、高校与科研院所之间的知识转移时，会根据企业的知识需求帮助其寻找能提供匹配知识的高校和科研院所，在知识源与知识受体之间起到连接双方的桥梁作用。

二、国内技术购买

国内技术购买是指城市创新系统内的创新主体通过技术交易平台和其他具有交易特征的方式（如互惠方式），从国内其他创新主体购买自身欠缺的技术，如专利、产品、设备、工艺流程等，从而实现技术等知识的转移。知识产权交易是其中一种典型的国内技术购买方式。高校和科研机构拥有丰富的科研资源，往往拥有较多高价值的专利，当专利被转让给有相关需求的企业时，即实现了高校和科研机构到企业的知识转移。此外，在城市创新系统中，有一些知识基础强、技术创新水平高的企业将自己的专利、产品、工艺流程等转让给知识基础较弱、技术创新水平较低的企业，以获得利润。在这些情况下，知识资源伴随着专利等产权转让而实现了从知识源到知识受体的转移。此外，当知识受体对从国内购买的技术缺乏自主吸收和使用能力时，就需要从知识源组织引进人才辅助其消化吸收。例如，某一高校从某个企业购买某一课程软件，在初次使用软件时，往往需要企业研发人员的辅助。因此，在城市创新系统中，国内技术购买可能涉及个性化知识转移和编码化知识转移两种方式。从效果看，通过国内技术购买，城市创新主体从外部快速获取比自身先进的国内知识资源，可提高技术创新效率，减少自主创新时带来的时滞性和其他风险，提升技术创新的产出成本比等。

三、国外技术引进

国外技术引进是指城市创新主体从国外有偿引进先进技术，实现技术等知识的转移。这是城市创新主体从外部快速获取知识资源的另一种方式。国内企业在引进国外先进技术时，除了获取技术设备的使用说明书，一般还会从知识源引进相关人员辅助其进行消化吸收，采用的方式有使用示范、模仿、人员流动等。因此，在城市创新系统中，国外技术引进也会涉及个性化知识转移和编码化知识转移两种方式。

国外技术引进是一把双刃剑，能够促进我国城市科技创新，但可能会起阻碍作用。一方面，国外技术引进从某种程度上弥补城市创新中某些知识缺口，有助于加速产业技术升级和城市创新进程。另一方面，引进国外技术会使创新主体倾向于依赖外国技术采购而减少研发活动，从而抑制我国研发创新，对我国研发创新具有挤出效应。因此，我国各城市的创新主体要兼顾自主创新和开放创新，某些领域进行自主创新，某些领域进行开放创新，从国外引进先进技术并进行深度的消化吸收，以此促进自主创新。只有这样，国外技术引进才能对我国城市创新产生积极的影响。

四、行业培训与交流

行业培训与交流是城市创新系统中很重要的一种知识转移方式。例如，当高校和科研院所自身所研发的技术在应用和商业化方面面临困境时，可借助中介机构代为寻找匹配的企业为其提供培训、讲座等。此时，高校和科研院所拥有专业技术和专利，但缺乏商业运营等方面的知识，因此，企业提供的培训、讲座等就成为企业向高校和科研院所转移商业运营等方面知识的重要途径。另外，软件行业协会新老会员交流会、科技创新大数据监测与评价研讨会、健康大数据研讨会、营销战略规划研讨会等，都是典型的面向整个行业的交流研讨会，是行业知识转移的重要方式。

五、人才流动

人才流动也是实现知识转移的一种方式，尤其是跨城市的人才流动，对于促进城市群创新与协同发展发挥重要的作用。不少研究显示，国外技术引进、国内技术购买、技术消化吸收都未对西部地区大中型工业企业创新绩效产生显著的正向影响，一个重要原因是西部地区企业技术水平与东中部地区或国外企业的差距较大，且经济发展缓慢，自主研发能力不足，吸收能力不强，只能对所引进的外部先进技术进行简单的改造（王鹏和高妍伶俐，2013）。其实，这些现象背后的根本原因是高技术人才较缺乏。为解决城市间发展不平衡问题，驱动人才流动是一种重要途径，也是当前各城市驱动创新和提升经济发展水平的重要出路。随着人才流动，人才拥有的知识随之转移。因此，人才流动能为城市科技创新和经济发展注入新"血液"，尤其是高科技工作者的流入，在为城市带来高新技术知识、提高城市产业知识存量的同时，还能带动城市新旧知识整合、创造新知识和研究新技术，提高城市产业知识的层次性和多元化水平。

为驱动人才流动，当前我国政府大力推进区域协同创新与发展战略，例如设立雄安新区，通过政策工具吸收和促进高水平的高校、科研院所和企业入驻，发展京津冀城市群。为吸收人才、发展人才的创新带动作用，各城市政府积极实施人才吸收政策。例如，经济活跃的广东省投入大量的资金吸引外地优秀人才流入。各级政府的这些努力有一个共同的目的，就是鼓励人才跨城市流动，期望通过人才流动实现跨城市知识转移，促进地区科技创新和经济发展，减少城市之间发展的不平衡程度。

第四节 城市创新系统知识转移的驱动力

城市创新系统知识转移的有效运行离不开外部因素的驱动。从政治、经济、文化以及社会联系的维度看，城市创新系统知识转移的驱动因素主要有政府引导、经济发展需求拉动、创新文化环境催化和利益相关者推动。

一、政府引导

在城市创新系统中，政府对知识转移发挥着重要的引导作用，这可从当前各级政府积极推进跨城市的人才流动和知识转移得到例证。尤其是对国家经济发展具有重要意义的战略性新兴产业和地区，政府对知识转移的引导作用更为明显。例如，北京市中关村产业集群是新兴高科技产业群，是中央政府和北京市政府鼓励大力发展的产业类型，属于典型的政府引导型城市创新产业集群。政府的引导作用主要体现在两个方面：一方面，政府通过制定相关政策对城市创新主体间的知识转移过程进行激励和扶持，例如，制定并实施税收减免、知识产权保护等相关政策法规，以降低企业进行研发创新的成本和风险；充分发挥保护知识产权、提供信息和技术咨询服务等职能，优化创新资源配置，促进城市和城市群的知识转移，为提高城市创新能力提供保障。另一方面，政府还通过其所属的相关科研机构参与城市创新活动，推动高校、科研院所与企业之间的知识转移。

二、经济发展需求拉动

由于城市创新的根本目的是为服务于城市经济发展实践，因此，经济发展需求从根本上决定了城市创新的方向和模式，对城市创新和知识转移具有重要的拉动作用。以企业创新服务客户需求为例，企业首先需要了解客户需求，才能生产出客户所需的产品。这其中存在企业与客户之间的知识转移，客户向企业转移需求信息，企业向客户转移产品及其使用的相关知识。当企业欠缺某方面的产品创新工艺，自身实力难以按期提交客户所需的产品或服务时，就需要寻找同行企业进行合作，共享工艺、技术等知识资源，才能实现新知识、新工艺和新技术的产生。在这种情况下，企业之间存在关于生产某种产品或服务所需知识的转移。当企业自身研发能力不够强，自身拥有的技术还不足以达到不断创新和提高企业市场竞争力的目标时，企业就会进一步寻求与城市或城市群区域内的高校、科研院所进行合作，彼此之间进行知识和技术的转移，以实现技术创新突破。此时，存在企业与高校、科研院所之间关于更深层次技术创新所需知识的转移。因此，经济发展需求是城市创新系统知识转移的重要拉动力量，也是拉动城市创新的重要因素。

三、创新文化环境催化

如果说创新是一棵生机勃勃的大树，那么文化气息就是创新大树成长的气候。没有充足的光照和适当的水分，创新大树就会"死亡"。所以，文化是创新最核心的要素，创新涌现需要良好的文化环境作为支撑。一个城市要提高创新能力，一个重要任务是实现文化与科技产业在城市创新上的深度融合。由于创新的本质内涵是基于知识的价值创造活动，因此，城市创新系统要营造知识分享、宽容失败、敢于尝试、敢于质疑权威知识等创新氛围。这有利于推动创新合作和知识转移，从而碰撞出创新火花。

此外，地理临近性和文化一致也为城市创新提供了牢固的保障。在城市创新系统内部，不管是在一个城市区域内，还是在同一个城市群，各创新主体的地理位置相对集中。地理临近性能够降低合作门槛和交易成本，提高知识转移的频率和效率。各创新主体在搜寻人才和合作伙伴时，可以节约大量的人力和财力，可以降低人员不匹配等风险。另一方面，一个城市区域范围内或一个城市群内部存在的风俗习惯和价值观基本一致，表现为各创新主体在沟通交流时容易形成认同感。这种文化一致性能够增进创新主体之间的沟通交流，减少知识转移障碍，也能使在同一区域范围内的高校、科研院所和企业之间流动的人才快速融入新集体和形成归属感。因此，这些创新文化环境就好比一股催化剂，对城市创新系统的发展和运行起到重要的催化作用。

四、利益相关者推动

在城市创新系统中，利益相关者主要包括高校、科研院所、企业、政府、中介机构和金融机构等参与创新的主体，不同主体扮演着不同的角色。高校、科研院所和企业是知识的创造者和使用者，均扮演着知识转移的知识源和知识受体。当高校和科研院所具有的知识资源能够填补企业的知识空缺时，企业作为知识受体，从高校和科研院所的知识库获取和转移所需的知识；当企业充分消化吸收了所获取的知识后，可能具备了高校及科研院所缺乏的知识资源，就会作为知识源向高校及科研院所转移相应的知识资源。政府在城市创新系统知识转移中主要起到调节和控制的作用。一方面，政府出台相关政策激励企业之间进行合作研发，提供有效的法律环境、充满活力的创新环境以及完善的保障机制等政策环境，协调和保障创新主体间的合作创新和知识转移；另一方面，政府需要对企业之间的关系密切程度和规模进行一定的控制，防止企业形成垄断、阻碍市场良好运行。中介机构在城市创新系统中扮演着信息咨询的角色，为企业、高校和科研院所及时提供所需信息，帮助它们寻找最为匹配的知识源，降低企业的搜寻成本。金融机构则为企业提供良好的信贷服务和咨询服务，满足企业创新过程中的资金需求。因此，城市创新系统中各利益相关者的相互推动是城市合作创新和知识转移的重要驱动力。

第四章　城市创新系统动态联盟知识转移机制

CHAPTER 4

动态联盟是城市创新系统中主体合作与创新的一种重要组织形式，可使各创新主体克服地理位置等困难，实现动态的创新合作，加快提供市场所需的产品和服务，敏捷应对市场竞争。因此，有必要分析城市创新系统动态联盟的知识转移机制。

第一节　动态联盟的形成动因[①]

20 世纪 90 年代，美国为了重振被列入"夕阳产业"的制造业，通用汽车公司（GM）和里海（Lehigh）大学艾科卡（Iacocca）研究所的专家和教授们提出了"21 世纪制造企业发展战略"报告，其中提出了"敏捷制造"的概念，并创造性地提出了服务于敏捷制造创新生产模式的新型企业合作关系——"动态联盟"（转自彭本红等，2005）。自此，动态联

---

① 赵大丽. 企业动态联盟的知识治理研究 [D]. 华侨大学，2009；赵大丽，孙锐. 动态联盟企业间的知识活动分析 [J]. 技术经济，2008，27（12）：19－23.

盟引起理论界和企业界的广泛关注。动态联盟（dynamic alliance，DA）又称虚拟企业，是由多个具有核心能力和知识的独立企业为快速把握市场机会而组建的、通过信息技术连接起来的、共享知识和技术、共担成本和风险、且无固定组织结构的动态网络型经济组织，该组织是柔性的松散组织，随着共同目标的完成而解体（Byrne，1993；孙东川和叶飞，2001）。处在动态联盟的企业之间是新型的合作伙伴关系，而非传统的买卖关系。动态联盟能够通过整合各盟员企业的核心能力和资源，达到资源共享、优势互补，从而提升各企业的核心竞争力和增强各企业的市场适应能力。

动态联盟的出现，是企业发展的实际需要。随着以计算机、网络、通讯技术等为依托的网络经济时代的到来，企业在碰上无限商机的同时，也面临一系列的挑战。例如，高科技产品扩散速度不断加快，客户的消费需求趋向个性化、多样化，产品生命周期不断缩短，市场环境变化不断加快，企业之间的竞争趋向全球化和国际化，市场竞争激烈，外部环境快速变化，市场机会稍纵即逝。在这种环境下，企业完全依靠自身的知识积累已难以独立应对。为了适应科学技术和经营环境的快速变化，企业必须以合作的方式来充分利用其他企业的优势资源来弥补自身的不足，寻求与外部其他企业或机构的联盟成为企业克服知识惯性、获取多样化知识和进行知识创新的重要途径（Wuyts and Dutta，2014）。另外，伴随着经济全球化趋势和信息技术的不断发展，知识创新的难度与速度要求越来越高。从产品研发到将新产品推向市场全过程的知识创新要求多种知识与技术的融合以及多个系统的支持。而动态联盟能为技术知识创新提供便利，它集结了联盟成员所需的各种创新资源，包括各联盟成员企业的核心知识和能力。并且，合作伙伴核心竞争力的结合构成了灵活的创新体系，有助于分散创新风险和缩短创新周期，能够满足快速变化的市场需求。动态联盟能够帮助企业把握稍纵即逝的市场机会和适应竞争激烈的市场环境，能够克服知识经济时代单个企业已难以依靠自身的力量聚集快速完成项目所需要的知识的不足。因此，以各联盟成员企业之间业务的合作与分工为基础而形成的动态联盟成为受现代企业欢迎的一种组织形态，成为许多企业进行知识创新的选择。

动态联盟的产生和发展源于人们对快速进行知识创新的追求及对传统企业实现这一要求所面临挑战的思考。下面通过比较动态联盟与传统企业的差异（见表4-1），探索动态联盟与传统企业的不同之处，理解动态联盟的特征。

表4-1 传统企业与动态联盟的比较

项目	传统企业	动态联盟
核心知识	模糊性、多元性	明显、突出
稳定性	相对稳定	动态不稳定性
职能与部门	结合	分离
产品特点	大批量、同质性	小批量、个性化
作业流程	串行作业	并行工程
工作地点	集中	分散
反应速度	迟缓	迅速
合作方式	职能团队	项目团队
合作关系	线型	网络型
竞争关系	输赢关系	多赢关系
组织边界	明确	模糊
管理模式	职能管理、纵向管理	项目管理、横向管理
组织结构	垂直化	扁平化
知识创新风险	集中	分散

由表4-1可知，动态联盟主要有以下几个特征：一是由各自具有核心专业知识和能力的独立企业所组成的动态联盟能共享收益和共担风险，并能树立相互合作的理念，因而追求联盟成员企业之间双赢、动态联盟层面

多赢的最终结果，还能克服资源在空间上的局限性；二是分散在世界各地的动态联盟成员企业通过网络技术进行有效合作，整个动态联盟形成一个紧密的合作网络，具有边界模糊性；三是动态联盟采用项目团队合作方式，每个团队负责合作项目中相对独立的任务板块，而且并行作业，能快速高效地完成市场机遇所赋予的项目；四是有别于传统等级组织，动态联盟采用扁平化的组织结构和横向协调的管理方法，能缩短知识、信息传递的路径和时间，提高对市场的敏捷响应能力。

动态联盟的鲜明特点和优势是柔性和敏捷性，即动态联盟组织本身具有柔性，具有灵活应对环境变化的敏捷性，能够通过知识和资源的快速整合而生产出新产品和新服务，并及时推向市场。此外，动态联盟的显著特征是边界模糊，能力与知识互补，以及提倡创新。边界模糊性，是指动态联盟的合作成员分布在世界各地，不具有像单个实体企业那样明确的组织边界。互补性，是指动态联盟的各成员企业都具有其他伙伴所没有的核心知识和技术，伙伴之间可以通过组织间双向或多向的知识流动共享各自可共享的知识，以实现知识优势互补。创新性，是指动态联盟是为加速研发速度而组建的，其核心目标是学习和创造新知识以保持持续竞争优势。由于创造和利用具有模糊性、独特性和难以模仿的知识可以构建企业的持久竞争优势，企业要想在激烈的市场角逐中取胜，就必须以比竞争对手更快的速度不断地创造出新知识。只有这样，才能迅速响应市场变化，创造出满足顾客需求的产品和服务。动态联盟能够满足这一需求，能够帮助企业快速集聚完成项目所需要的核心知识和资源，从而快速响应市场变化。

从企业知识基础论看，动态联盟的组织构建与运作的核心要素是知识，对知识的组织、分享、利用等活动贯穿于动态联盟的整个生命周期。动态联盟的合作过程实际上是知识的转移与利用过程。因此，知识转移活动对动态联盟及其内部的联盟成员主体都具有十分重要的意义，其已成为学术界重视的问题之一。动态联盟是一种整合和利用分布在不同成员组织的优势知识和其他资源的协调运作模式，能够超越空间约束，在响应环境变化和获取竞争优势方面具有明显的合作优势。本书认为，城市创新系统动态联盟的形成动因主要有四个方面，包括城市创新需要、专有资产投资优势、效率优势和组织优势。

一是城市创新需要。如果一个城市的高技术产业发展较快、高技术企业的研发投入增幅较大，则会呈现出以企业为主导的城市创新模式。当城市创新系统集聚了从事相关或相似产业的企业，尤其是高科技企业，就易于形成高科技产业集群，即大量关联密切的高新技术企业与相关领域的高校、科研机构、中介组织、孵化器、政府机构等集聚于某一特定领域，形成充满创新活力和具有持续竞争优势的知识密集型合作创新网络。集群内企业通过集群所搭建的交易网络、技术网络、社会网络实现彼此之间的知识转移、人才流动以及创新资源共享（罗亚非，张勇，2008）。动态联盟就是以企业为主导的城市区域产业集群的一种具体组织形态。动态联盟的产生，是城市科技创新与经济发展的需要。动态联盟的运作平台所具有的信息网络、知识技能网络、物流网络和契约信任网络，主要服务于企业创新和发展（彭本红等，2005）。在某一城市区域，科技创新与经济发展需要充分发挥地区所拥有的各种优势资源，尤其是核心知识资源，比如各科研院所、高校、央企研究机构所拥有的各种核心技术知识、管理知识、市场知识等，需要高科技企业在技术、管理等方面创新起引领和推动作用，通过合理的知识分工和知识资源优化配置，以推动城市经济高效发展。

在多个城市区域之间，动态联盟对城市协同发展更是起到非常重要的作用。例如，在京津冀协同发展中，雄安新区的设立是京津冀进行高端合作、协同创新与发展的重要指示标，是京津冀进行动态联盟的典型例子，其中必存在高科技知识的跨行政区域转移与分享、利用等活动的嵌入。因此，在雄安新区建设中，在京津冀一体化与协同发展政策的引导下，来自京津冀的高科技企业与某一创新领域内相关的科研院所、高校、中介组织等组成动态联盟，实现优势知识资源的互补与整合利用，进而塑造共同的核心竞争能力，完成共同的项目任务目标。京津冀企业形成动态联盟，尤其是北京高新技术知识向天津、河北的流动，是促进京津冀科技创新协同发展的重要推动力。因此，动态联盟是推动城市科技创新和经济发展的一种重要模式。

二是专有资产投资优势。动态联盟在合作完成项目任务的过程中，在专有资产投资方面具有优势。合作完成特定任务所涉及的专有资产包括知识资产和专有设备等固定资产。专有知识资产投资主要是指动态联盟花费相当的时间和精力来积累完成该特定任务所需的专有知识或特有知识，专有固定资产投资是指动态联盟为完成特定项目任务而购置专有的设备等固定资产。一方面，所投资的专有知识在时空上可能存在不可预测的风险，这是因为专业知识投资的效益和价值将取决于知识在特定时空对实现组织目标的贡献，而市场的瞬息万变又极可能使企业或科研院所前期所积累的知识贬值，使其知识投资的收益迅速下降。另一方面，所投资的专有固定资产可能在一次或几次利用后被闲置，这降低了其投资回报率。而动态联盟能够尽可能充分地利用各联盟成员主体闲置的专有固定资产，有效实现企业在知识投资上的专业化和规模化的统一，形成不同企业间的专有知识和其他专有固定资产之间的协同，因而能够降低专有资产投资的不确定性。

三是效率优势。动态联盟在业务运作方面具有效率优势。面对千变万化的顾客需求和产品周期日益缩短的挑战，企业必须拥有足够的知识和能力以缩短知识创新的时间、新产品和新服务面市的时间。但是，企业的核心知识和能力往往体现为某一职能，具有专业化、系统化的特征，难以具备使业务快速高效运作的所有知识（贾平和张昌俭，2005）。而动态联盟正是建立在优化资源配置基础上的合作竞争性组织形式（贾平和张昌俭，2005），它可以通过有效利用和重新整合各联盟成员主体的优势知识和其他资源，形成创造新产品和新服务的集体资源优势，实现市场机遇所赋予的任务的高效率运作。特别是在技术越复杂、技术创新的范围越广、技术创新中所需要的投入越大、技术创新的不确定性越高等情况下，动态联盟帮助企业赢得市场竞争的优势就会越明显。

四是组织优势。动态联盟在促进知识获取与知识创新方面具有独特的组织优势。彼得·F. 德鲁克（1999）提出，在知识经济时代，知识已成为企业获取竞争优势的主导性来源甚至是惟一的来源。企业要想在激烈的市场角逐中取胜，必须不断地以比竞争对手更快的速度创造出新知识。然而，由于知识具有复杂性，当一方向另一方显示知识价值的同时，知识也被间接地传递给了对方。也就是说，企业的核心知识往往具有内隐性，此类知识无法通过市场交易来获得，而基于契约与信任关系的动态联盟合作方式能帮助企业从其他企业和研发机构获取、转移此类知识。另外，从企业的整个经营来看，如果每次都采用内部化的方式去学习和获取其所需的知识，则成本太高。而具有知识禀赋且兼具动态柔性和适度刚性的动态联盟能够为内部联盟成员企业知识的获取、转移、共享和整合提供良好的知识资源基础和组织平台，能为联盟内部的知识流动提供便捷的组织通道。例如，动态联盟采用项目团队的合作方式，并利用信息技术快速调用联盟内部的知识资源和有效协调各成员的知识合作行为；通过制定伙伴选择机制、激励机制、利益分配制度、奖罚制度、业务运作程序等组织规则和制度，为其内部的知识活动提供制度保证；通过设置共同愿景和建设良好的企业文化来启蒙合作成员的认知。组织优势不仅降低了知识获取的成本，而且增强了知识整合的协同效应，提高了动态联盟知识创新的效率。

第二节 动态联盟知识转移的微观机制[①]

以合作优势为基础的动态联盟的知识转移活动分两个层面：一是联盟成员组织内部的知识转移活动，二是联盟组织之间的知识转移活动。由于联盟成员组织内部知识活动属于独立组织（如企业内部）的知识活动范畴，已有大量文献对此进行了研究，因此，本书主要讨论城市创新系统中动态联盟合作成员组织之间知识转移活动的微观机制。另外，在城市创新系统中，进行动态联盟的组织既可能来自同一城市，形成城市区域内部的动态联盟，也可能来自不同城市，形成跨城市区域的动态联盟。本书在构建城市动态联盟组织间的知识转移微观机制时，不对组织的范围进行细化，即本书中城市动态联盟知识转移中的组织既可以同属于一个城市区域，也可属于不同城市区域。城市创新系统动态联盟合作成员组织间知识转移活动的微观机制如图 4 - 1 所示。

相对于独立组织（如独立企业）来说，动态联盟的目的是快速、高效地完成市场机遇所赋予其的项目任务，其知识活动具有针对性，更侧重于通过对现有多种优势知识进行整合与重组来创造新知识，涉及知识资源的输入与输出，即涉及从知识源到知识受体的知识转移活动。进一步，为合作项目开展的需要，作为知识源（或知识受体）的各联盟成员企业会有针对性地识别、分享（或获取）知识，并进行整合，再创造新知识。林莉等（2009）将大学企业动态联盟中的知识转移划分为知识生产、知识传播和知识应用 3 个不同环节。张振刚等（2011）将区域创新系统知识转移划分

---

① 赵大丽，孙锐. 动态联盟企业间的知识活动分析 [J]. 技术经济，2008，27（12）：19 - 23.

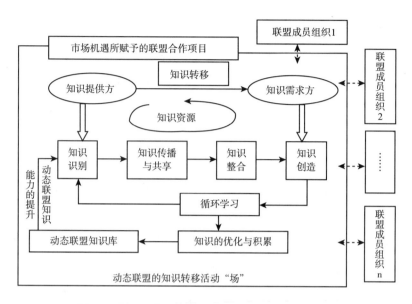

图 4 - 1　城市创新系统动态联盟知识转移的微观机制

为知识的需求与匹配、知识的吸收与整合、知识的创造与应用。本书认为，城市创新系统动态联盟组织间的知识转移活动可细化为以下 4 个主要环节：

一是知识识别。一方面，是对动态联盟的认识，包括对动态联盟各组织的知识情况、分工与合作、权责划分、沟通渠道、文化、流程、联盟目标等的认识。这些知识决定着动态联盟及各联盟成员组织的利益状况，它们只有通过各联盟成员组织的认知过程和学习过程才能够被把握和识别。另一方面，由于知识是离散分布的，因此在合作项目开始启动前，动态联盟必须了解完成项目所需知识的性质和来源，以便对知识转移过程以及知识源和知识受体进行协调和控制。知识识别是动态联盟及各联盟成员组织了解情况、学习知识的认知过程。

二是知识传播与共享。知识传播与共享是动态联盟组织间知识活动的核心。基于完成某一项目任务的需要，各联盟成员将各自的优势知识传播到其所在的项目团队乃至整个联盟。联盟成员组织在提供知识的同时也学习来自其他组织的知识。通过相互共享知识与学习，盟员组织能够将其他联盟成员组织拥有的有用知识内化为自己的知识，以掌握执行项目的相关知识。

三是知识整合。知识整合是指动态联盟将各联盟成员组织具有互补性的不同优势知识汇聚、整合成为动态联盟中系统化的知识体系。知识整合有助于动态联盟产生解决问题的新思路。

四是知识创造。知识创造是指在以上环节的基础上通过加强合作来增加知识碰撞的机会，从而产生边缘知识或使原有价值低的知识升级为价值高的知识，即"生产"出新知识。

动态联盟按照项目运作的需要，对经过知识识别、知识传播与共享、知识整合和知识创造等一系列知识活动而最终创造出来的新知识进行循环学习、优化和积累，使之成为联盟的共有知识，存储在动态联盟知识库中。当共有知识内化在联盟成员组织时，合作联盟成员的知识能力水平会得到提高，进而会带来动态联盟整体知识能力的提升，从而为新一轮的知识创新提供更高水平的合作基础。

动态联盟知识活动的有效进行离不开动态联盟合作优势的支撑。首先，动态联盟由于具有敏捷的市场反应能力，能够快速捕捉闪现的市场机会，因而能够带来合作项目。其次，联盟成员组织互补性的专有知识资产及其他专有固定资产，为动态联盟的知识活动提供了必要的运作载体，缩短了其知识合作启动与运行的时间。再次，动态联盟的知识资源禀赋为其知识合作提供了丰富多样的知识资源，盟员组织"强强"联结而形成的合作网络能使知识合作的内涵得以提升。最后，动态联盟的组织平台（包括知识技术系统）为一系列知识活动提供了不可缺少的活动场所，即所谓的知识"场"（竹内弘高和野中郁次郎，2005），它加速了动态联盟的知识创新。

动态联盟知识转移具有如下特征：一是动态联盟知识共享的目标是共同开发市场所需要的某种新知识产品；二是依托信息技术的动态联盟知识转移活动的频度和深度都比一般的合作性组织高，但其效果易受信息技术设备情况、成员企业的知识能力水平及其动态网络结构的影响；三是动态联盟能够跨越时空和文化实现不同组织的知识转移，但由于知识的异地分布性、相关信息的不完备性、知识创新过程的不确定性等因素，这种共享容易导致成员企业不可共享的核心知识的泄漏，因而存在很大的风险；四是动态联盟随合作项目的产生而组建，随项目完成而解散，其知识转移活动具有一定的时间限度，不具备长期合作的优势特征；五是动态联盟的合作基础是网络协议，但由于不具有或者较少具有像单个实体企业那样完备的规范制度，因此，其知识转移活动的落实情况和绩效往往难以测量和评估。

第三节　动态联盟知识创造环节的内在机理①

知识创造是动态联盟知识转移的一个重要环节，创造的新知识对于提升动态联盟及其成员组织的知识能力，进而驱动新一轮的、更高水平的知识转移活动发挥重要的作用。因此，深入了解知识创造的内在机理有助于加强对动态联盟知识转移的理解。对于动态联盟知识创造问题，国内外学者做了一些相关研究。在国外，学者们主要从社会化和技术两个角度来研究动态联盟知识创造问题。如科达马（Kodama，2005）将知识管理理论与领导力理论相结合，以信息技术（information technology，IT）行业和多媒体行业的新产品研发项目为例，研究了以领导力为导向的战略社区新知识创造的相关问题，提出战略社区的新知识创造需要以领导力作为支撑，以此才能获取持续的商业优势。拉格斯特罗姆和安德森（Lagerstrom and Andersson，2003）通过案例分析方法，研究了跨国公

---

① 由于动态联盟与虚拟企业属于同一类组织（荣列润，2005），因此，本部分主要修改自赵大丽，孙锐. 虚拟企业知识创造机理分析［J］. 科技管理研究，2008（4）：256-259.

司业务团队在为完成共同的、全球性的项目而进行的知识共享和知识创造问题，该研究认为，与信息技术相比，业务团队成员之间的社会化交流互动显得更为重要。安等（Ahn et al.，2005）认为情境知识对虚拟合作团队至关重要，针对虚拟合作中情境知识的使用情况，分析并提出了虚拟合作系统中的知识情境模型，用于促进虚拟团队情境知识的创造、组织、共享和利用。

在国内，一些学者对动态联盟知识创造的相关问题展开研究。例如，吴泽桐、蓝海林等（2003）在组织学习循环理论的基础上，提出战略联盟知识创造的理论模型，并在此基础上探讨了战略联盟知识创造的机制。成桂芳和宁宣熙（2005）认为知识创造是虚拟合作的最高层次活动，主要包括知识的融合、重组、激活等。田中禾和王斌（2006）认为不断变化的组织情境与创造性程序是知识管理模式的构成要素，并从本体论、认识论和知识供应链等多个角度考察虚拟研发组织的知识创造机制。齐二石等（2006）借鉴野中郁次郎（Nonaka，1994）的知识转化过程：社会化–外化–组合–内化（SECI），构建了知识场中虚拟企业的知识转移模型，将其中的知识创造过程视为一个动态的 SECI 过程，但未对此作详细的分析和说明。

综上分析，国内外学者大多偏向于研究动态联盟知识创造的某个方面，很少对其内在机制作专门的研究，尤其是从知识进化的视角来研究动态联盟知识创造的文献更不多见。虽然赵林捷和汤书昆（2004）从知识发生学角度构建了基于问题情境的虚拟企业知识创造和更新的模型，考虑到知识创造的动力源，但没有深入分析知识是如何被创造出来的。因此，本书认为，有必要在已有理论研究成果的基础上，从知识进化角度，结合野中郁次郎的知识转化思想，构建以问题为导向的动态联盟知识创造模型，深入分析和探讨其内在机理。

一、动态联盟知识创造的动力机制分析

进化一词源于生物学领域，是指物种从简单到复杂、从低级到高级的代际相传的发展，它主要包括遗传、变异和选择三个关键环节。著名哲学家波普尔认为，客观知识一产生就具有生命，知识就像生物有机体一样是由细胞和'胚胎'发育起来的，然后进化为完整个体并经受选择，在实践主体（知识的接受者、运用者）那里得到完善和深化，最后当没有任何被选择机会的时候就会走向死亡，知识的发展同生物的进化有惊人的相似（何云峰，2001）。同样地，客观知识也存在这种进化规律。E. 拉兹罗（E. Laszlo）在研究复杂性进化的模式时发现，有一个不断增长着的现象，说明生物和社会文化的进化乃是自然界进化这一基本过程中的两个方面（湛垦华和沈小峰，1982）。所以，知识同生物一样，有其自身发展变化的规律。

根据波普尔"知识进化始于问题"的观点（波普尔，1986），假设 A、B 为企业所遇到的问题，X、Y 为解决问题所需的两种知识。在某一情境条件下，当问题 A 出现时，企业会整合利用内外部知识而产生的新知识 X，用于解决问题 A。当问题 B 出现，且知识 X 无法解决时，企业将产生新知识 Y，用于解决问题 B。当问题 B 与问题 A 同质但其难度超过 X 所能解决范围时，在知识 X 基础上产生的知识 Y 足以弥补知识 X 的不足而解决问题 B。与此同时，知识 X 在知识 Y 的基础上加以修改和完善，并在某种条件下与知识 Y 碰撞融合成为更具丰富度的知识，从而实现从低级向高级发展演化。由于建立在原有知识基础上，知识 X 的发展变化是属于知识遗传。当问题 B 与问题 A 异质时，则问题 B 提示了知识 X 的欠缺，作用于知识 X 和原有知识基础，催化出新的知识 Y，使问题 A 和问题 B 均得到真正解决。而新知识 Y 一旦建立起来，就取代了旧的知识 X，从而实现知识变异。新产生的知识 X 和知识 Y 用于解决问题的过程就是它们接受"自

然选择"的过程，故知识 X 的产生和发展，以及知识 Y 取代知识 X 而成为更高级的被认可的知识的过程，构成了知识遗传与变异相互交替、相互促进的过程。伴随问题的产生，这个过程会循环发生。知识进化源于由变化的环境因素引起的问题。在问题的诱导和推动下，具有自组织特性的知识会不断进化，发展成为更高级的新知识。

在动态联盟中，知识进化体现为知识传播和积累以及知识创造。当项目进行过程中遇到问题 A 时，具有不同知识背景的合作伙伴转移各自所拥有的、解决该问题所需的、可共享的知识，并对此进行整合，产生了为动态联盟所有的知识 X，用于解决问题 A。当问题 B 出现，而知识 X 又无法解决时，项目合作者在知识 X 和各自可转移知识的基础上，提炼出既能解决难题 A 又能解决难题 B 的新知识 Y。与此同时，知识 X 和知识 Y 相互作用，导致知识向不同的方向演化。当问题 B 与问题 A 相关，且难度无法被知识 X 解决时，知识 Y 将对知识 X 不断修改和完善，知识 X 将变成更丰富的知识。当问题 B 的性质与问题 A 完全不同（不论其难度大小）时，解决问题的方案需要彻底或大范围的改变，各成员伙伴在整合各自可转移知识和知识 X 的基础上，研发出优于知识 X 的新知识 Y，因而新知识 Y 取代 X 成为动态联盟的共同知识保存下来。

外部环境变化多端，市场机遇不断出现。伴随动态联盟不断捕捉到新的市场机遇，联盟成员企业在完成任务过程中会不断地遇到性质相同或不同的问题。当问题要求动态联盟整合各盟员企业的可共享专业知识时，知识将遵循上述规律发生遗传和变异，从而创造新知识。随着下一个问题的出现，动态联盟又以相同的规律生产新的知识，构成动态联盟知识创造的大循环过程。在这一过程中，新产生的知识会接受外部选择，"适者生存，劣者淘汰"，有效知识被保留下来，无效部分不断萎缩最终被淘汰。所以，从知识进化的动力源及三个关键环节来看，它是动态联盟知识创造的动力，促使动态联盟不断发生以问题为导向的新知识的螺旋循环创造过程。

二、动态联盟知识创造的"场"及其微观过程

根据竹内弘高和野中郁次郎（2005）的观点，个体是知识创造的主体。而以知识进化为驱动力的整个知识创造过程离不开个体，要使个体在知识创造过程更好地发挥主观能动性，组织要为个体创造知识的活动提供有关情境。创造知识的过程一定以情境为转移，它需要一个场所，即所谓的"场"①。"场"在知识创造过程中是交流思想和知识的场所，运用、转换和创造知识的环境，它为知识转换和知识螺旋运动提供能量和场所。因此，"场"是知识共享和知识创造必不可少的交流平台，是知识创造过程的重要部件。

动态联盟是创新主体强强联合的组织，主要功能是通过整合各成员企业的可共享的有用资源，以充分挖掘自身的核心竞争力，进而构建核心竞争优势，达到降低成本和提高效率的目的。与一般的实体企业不同，动态联盟的各成员企业的合作是通过合作关系形成虚拟合作网络来进行的。在这个合作网络中，动态联盟能够提供知识创造的知识资源基础，能够通过制定有效的合作协议保证知识创造活动顺利进行，能够营造积极的知识共享文化氛围和搭建强有力的信息技术平台以提高知识创造效率。知识资源基础、合作协议、知识共享文化氛围以及信息技术平台构成了动态联盟的知识创造"场"，使得新知识能够在其中不断被创造出来。

有了能促进知识创造的"场"，在问题的诱导及知识进化机制的推动下，动态联盟开始微观层次的知识螺旋创造过程，即知识主体已拥有的内

---

① "场"是分享、创造及运用知识的动态的共有情境，为进行个别知识转移过程及知识螺旋运动提供能力、质量和场所（竹内弘高和野中郁次郎，2005）。

隐知识和外显知识相互作用和转化，创造出新知识的过程。

在动态联盟中，根据知识的性质、可共享程度和知识主体，知识可分为内隐知识和外显知识，可共享知识和不可共享知识，以及个体知识、团队知识、企业知识和企业间网络知识等类型。借鉴野中郁次郎（1994）的知识转化（SECI）模型，为分析的需要，本书将动态联盟的微观知识创造过程简化为内隐知识和外显知识的相互作用在专家与动态联盟之间循环发生的过程（见图 4 – 2）。

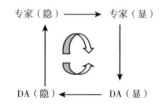

图 4 – 2　动态联盟知识创造的微观过程

首先，某个成员企业的专家在动态联盟的支持下，结合自身原有的知识基础，整合或研发出某种内隐性的独特知识和技能。其次，该成员企业协助专家将这种内隐知识转化为外显知识，传播到动态联盟，以将其转化为整个动态联盟范围的知识。紧接着，动态联盟对这些外显知识进行整理、重组，形成动态联盟的外显知识。再次，动态联盟又对这些外显知识进行整合，创造出具有独特性的内隐性新知识，并将其传播到其他能够运用这些知识完成共同任务的成员企业。最后，各个成员企业在完成项目的实践中充分挖掘和利用联盟平台的这些内隐性知识，并将其内化为个人内隐性知识。新的内隐知识将成为新一环知识创造的起点。因此，以知识进化为动力的微观层次的动态联盟知识创造，是一个动态的循环过程，为动态联盟不断创造出新知识，从而不断构建动态联盟的竞争优势。

三、基于知识进化视角的动态联盟知识创造模型

在上述论述的基础上，本书构建了基于知识进化视角的城市创新系统动态联盟知识创造模型（见图 4 – 3）。

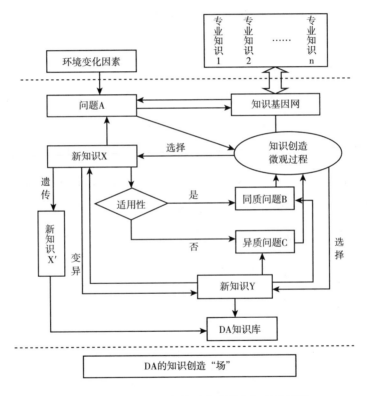

图 4 – 3　基于进化视角的动态联盟知识创造模型

不断变化的外部环境向这个复杂系统输入刺激因素，如市场机遇、竞争情报等，它引发第一个项目问题 A 出现。于是动态联盟调动各成员企业转移各自可共享的专业知识单元，这些知识联合成为动态联盟的知识基因网，作为各成员企业进行知识共享和知识创造的知识基础。经过微观层次的知识创造过程后，产生出有效的新知识 X，用于解决问题 A。

对于后来产生的与问题 A 性质相关但难度远大于 A 的问题 B，以及与 A 性质完全不同的问题 C，动态联盟又进行了知识共享和知识碰撞的创造过程，产生了有效的新知识 Y，用于解决问题 B 和问题 C。与此同时，新知识 Y 作用于先产生的知识 X，使其得到修改和完善，变成更为有效的新知识 X′。而新知识 Y 一旦建立起来，它将取代知识 X 成为更高级和更有价值的知识而被存储和传播。由于外部环境不断向动态联盟输入刺激因素，动态联盟就遵循同样的规律，不断地进行"X→Y→Z→……"的循环上升的知识创造过程。

在动态联盟知识创造过程中，新知识选择是一个很重要的问题。微观层次的知识创造过程结束后，必会产生大量新知识。这些新知识包括有效部分和无效部分。根据"适者生存"的原则，有效知识被保留并得到扩展，如图 4-3 中的新知识 X′和新知识 Y，而无效知识不断萎缩最后被淘汰。所以，在动态联盟知识创造的螺旋过程中，知识实现了自我超越，新创造的知识超越了原有的知识（见图 4-4）。

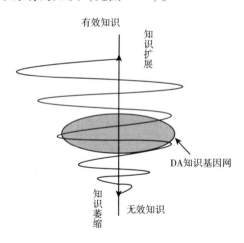

图 4-4 动态联盟知识创造中的知识选择

资料来源：王丰，宣国良. 知识创造的机理分析 [J]. 软科学，2001，15（5）：2-5. 本书稍有改动。

在图4-4中，动态联盟知识基因网代表原有的知识集合体，带有双箭头的纵轴表示新产生知识的变化方向，盘旋的曲线表示知识的变化过程。伴随知识创造过程的发生，新产生的有效知识被存储，并不断地被传播、共享和运用，因而其功能和运用范围不断扩展，生命力不断增强，进而不断进化为更有效的知识；而无效知识由于不能发挥其作用，其功能不断退化，直至被淘汰。

总之，作为知识集合体的动态联盟不但能够为知识创造活动提供知识资源，而且能提供有利的交流平台以促进知识共享和创造。而在外部环境因素刺激引发的问题的驱动下，具有自组织特性的知识不断进行遗传、变异和选择的螺旋进化过程，为动态联盟知识创造的产生和发展提供强大的动力源。另外，对创造的新知识进行"选择"，能使有效知识得到存储、传播和利用，无效知识被淘汰，从而提高动态联盟知识利用的效率。基于进化视角的动态联盟知识创造模型表明，为加快知识创造过程，提高知识创造效率，动态联盟必须关注外部环境因素的变化，把握市场机遇，科学合理地选择合作伙伴，并努力为各成员企业的知识共享和整个虚拟企业的知识创造活动提供有利的支持平台。

第四节　动态联盟知识转移的组织动力机制[①]

组织模式是在分工合作基础上，为完成特定目标而形成的某种形式，是个人之间或部门之间合作的理念与方法的集合，由组织结构和管理机制构成，前者反映组织的机构设置和权责分工关系，后者是组织结构中

---

① 赵大丽，孙锐，卢冰. 基于组织视角的动态联盟知识创造机制［J］. 科学学与科学技术管理，2008（10）：113-117.

行为主体的行为范式（竹内弘高和野中郁次郎，2005）。组织模式作为企业的运作方式，物化在组织结构方式、组织技术、组织制度、组织战略和组织文化等构成要件中。不同的学者对这些组织构成要件有不同的划分方法。例如，彼得（Petlt，1967）将组织系统划分为组织子系统、制度子系统和技术子系统。金等（Gold，2001）将知识管理活动的组织管理能力称为"知识架构能力"，并将其细化为结构性的组织架构、文化性的组织架构和技术性的组织架构，其中结构性的组织架构包括组织的结构形式和制度。结合不同学者的观点，本书认为动态联盟的组织模式包括三个层面：一是结构层面的组织模式，包括以项目团队为主的组织结构和信息技术等硬件设施，这使得动态联盟极具动态灵活性。二是制度层面的组织模式，包括指导和规制联盟内部知识创造行为的规则、制度等，是动态联盟整体运作的制度保障。三是文化层面的组织模式，包括企业的共同愿景、文化氛围，是推动动态联盟项目合作的精神保障。动态联盟组织模式兼具动态柔性和适度刚性，构成动态联盟知识转移的组织基础。

组织模式是为督促分工合作以及完成合作目标而设定的，实际上是一种规则。阿瓦迪基扬等（Avadikyan et al.，2001）认为，规则是为服务于解决问题中资源的分配与创造而构建的，其主要、本质的服务功能包括三个方面：协调、激励和认知。动态联盟的组织模式在各联盟成员企业间的知识转移中发挥着重要的动力作用。这体现在不同层次的组织模式能够根据外部环境的变化和项目任务的进展情况，及时作出必要的调整和动态优化组合，为联盟成员之间知识的转移与共享提供富有激励性和良好文化氛围的组织平台，为动态联盟内部知识转移提供便捷的组织通道。借鉴阿瓦迪基扬等（Avadikyan et al.，2001）的研究，本书从协调、激励和认知三个方面分析城市创新系统动态联盟知识转移的组织动力机制。

一、协调机制

此机制与动态联盟的组织结构密切相关。结构层面的动态联盟采用以动态项目团队为主的、具有适度稳定性的组织方式，连接着各联盟成员组织的知识结点，为各联盟成员组织之间的合作提供潜在信息技术的支持，使得各联盟成员组织能够快速调用联盟内部的知识资源，有效协调知识转移过程中各成员的知识合作行为。因此，动态联盟的组织结构在知识转移中起到重要的协调作用。

二、激励机制

此机制与动态联盟的组织制度有关。动态联盟的组织制度内容比较广泛，包括伙伴选择机制、激励机制、利益分配制度、奖罚制度、业务运作程序等。这些是动态联盟知识转移的制度保证，主要起着激励和约束联盟成员参与知识转移与合作创新的作用。

三、认知机制

此机制与动态联盟的组织文化密切相关。文化层面的组织模式是动态联盟知识转移的无形组织保障，从认知角度激发各联盟成员参与知识转移的动机，引导各联盟成员转移知识、获取知识与学习知识的行为，进而改变各联盟成员组织创新主体的心智模式，以此达到形成自觉实施知识转移行为和保持快速学习能力的目标。因此，动态联盟的组织文化对各联盟成员参与知识转移活动起到重要的启蒙认知的作用。

综上分析，城市创新系统中动态联盟组织模式对联盟内知识转移尤其是知识创造的作用机制可用图 4 - 5 表示。

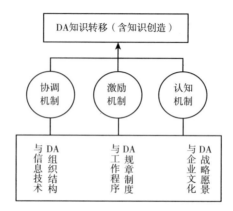

图 4 - 5 动态联盟知识转移的组织动力机制

第五章　知识转移对省域城市创新能力的影响效应①

CHAPTER 5

　　企业知识资源不仅包括知识产权，如技术专利、技术诀窍、商业秘密等，还包括企业员工个人或集体创造的各种知识，以及运用这些知识完成业务的各种能力、组织管理知识等。尤其是高新技术企业，技术知识是核心资源。同样地，在城市创新系统中，技术知识也是非常重要的。例如，阿斯海姆和科嫩（Asheim and Coenen，2005）区分了解析型产业知识和综合型产业知识，这两类知识都是各种技术知识的集合，因为基于解析型知识的产业部门主要是以科学为基础的高新技术产业，如信息技术产业或生物科技产业，基于综合型知识的产业部门主要是由创新驱动型组织构成的传统产业集群，如工程类产业。解析型产业和综合型产业都是以技术为支撑，依赖技术知识创造经济价值和社会价值的产业。科学技术部将技术转移界定为"制造某种产品、应用某种工艺或提供某种服务的系统知识，通过各种途径从技术

　　① 赵大丽，江媛，孙道银. 基于吸收能力中介作用的知识获取与区域创新能力研究［J］. 科技管理研究，2018，38（19）：146 – 153.

供给方向技术需求方转移的过程"①。显然，技术转移就是关于技术知识资源的转移。另外，现有文献大多将技术作为城市知识转移的对象展开研究。例如，詹湘东和王保林（2015）分别采用对所引进的国外技术知识的消化吸收、产学研合作、技术交易数量作为知识吸收、知识合作和知识扩散的测量指标，检验这三个变量对城市创新能力的影响关系。本书借鉴已有研究，将技术知识作为转移对象，分析城市创新系统中知识转移对各省域城市科技创新的影响效应。

本书根据"引进—消化吸收—再创新"的技术演进规律，实证研究知识转移影响省域城市创新中的中介路径以及中介效应。在选取城市创新系统知识转移和省域城市技术创新的测量变量时，既结合城市创新系统知识转移的方式与过程，也考虑数据的可获得性。如前所述，科技研发合作作为一种城市创新系统知识转移方式，更多地侧重于隐性知识的交互与转移，以及长远的合作目标与效益。其中，产学研合作是科技研发合作的一种典型实践。而国内技术购买、国外技术引进更多地侧重于显性知识的获取，以及短期的合作目标与效益。因此，本书从兼顾显、隐性知识类别以及外部知识获取给组织带来长短期效益的角度出发，选取产学研合作、国内技术购买、国外技术引进作为知识获取环节的研究变量，对应于"引进—消化吸收—再创新"技术演进过程中的"引进"环节。技术消化吸收是技术演进的关键环节，鉴于技术消化吸收以及主体消化吸收能力对于知识转移成效的重要性，选用吸收能力作为技术消化吸收环节的研究变量。此外，采用各城市的创新能力作为城市创新情况的研究变量。基于我国 30 个省份 2002～2015 年的面板数据，从各省域城市、各省域城市组群两个层面，深入研究和考察知识获取对各

---

① 科学技术部火炬高技术产业开发中心. 关于印发《国家技术转移示范机构评价指标体系（修订稿）》的通知［EB/OL］. http://www.chinatorch.gov.cn/jssc/gztz/201601/46d5726bbd2d430 ca4b50389962473cf.shtml，2016－01－14.

省域城市技术创新能力的影响关系以及吸收能力对这一影响关系的中介作用。

第一节 变量间关系的理论分析

一、研究变量的内涵

借鉴已有文献，各省域城市的创新能力是指一个省份充分发挥企业、高校、研究机构、科技中介服务及金融机构、政府等组织的创新积极性，高效配置创新资源，将创新构想和知识转化为新产品、新工艺和新服务的能力（邵云飞和谭劲松，2006）。各省域城市创新能力的提升离不开创新组织和创新主体对外部知识来源的获取和消化吸收。

省域城市的知识获取是指一个省域城市内部的组织从外部获取创新所需知识资源的活动。根据知识能否得到清晰表述和有效转移的特性，各省域城市知识创新所需的、从外部获取的知识资源包括隐性知识和显性知识。其中，隐性知识是主体基于长期实践经验总结得到的知识，具有较高的默会性，不容易被表达出来。显性知识是能明确表达的知识，可通过文档传递、口头传授等方式获取（波兰尼 Polanyi，1962）。各省域城市在开展创新启动的过程中，存在多种知识获取方式并存的现象。其中，产学研合作是各省域城市的创新组织获取外部隐性知识的一种重要途径。高校、科研院所拥有知识创新的"灵感"，企业拥有敏锐洞察最新市场需求的"嗅觉"。这些"灵感"和"嗅觉"是各省域城市进行技术创新所需的非常重要的隐性知识。从长远看，高校、科研院所、企业等创新组织利用各自的知识资源优势开展产学研合作，可进行基础研究的合作，有助于实现重大的或根本性的技术创新。国内技术购买和国外技术引进是各省域城市创新过程中获取外部显性知识的重要渠道。例如，创新主体为完成某个项目而从外部购买的技术设计框架图，一个省域城市从其他省域城市引进先进技术设备所配套的设备使用说明书，都属于显性知识。这些显性知识的获取有助于各省域城市的创新组织快速实现模仿创新和商业化，因而能够带来短期效益。产学研合作、国内技术购买和国外技术引进中的每一种方式都不只用来获取一类知识，也可能同时用来获取显性知识和隐性知识。因此，在兼顾外部知识获取所带来的长、短期效益和知识特性的基础上，本书将研究产学研合作、国内技术购买和国外技术引进三种知识获取方式。

具体而言，产学研合作是各省域城市的企业、高校、研究开发机构等各创新主体借助研发合作的方式进行知识获取和分享的行为。国内技术购买是各省域城市的创新主体通过市场交易平台实现知识获取的行为，具有市场交易的性质。国外技术引进是各省域城市的创新主体通过多种途径购买国外技术（产品设计、关键设备、仪器、专利等）实现知识获取的行为。

吸收能力最初是在企业理论研究的背景下提出的。科恩和利文索尔（Cohen and Levinthal，1990）认为，吸收能力是企业不断识别和消化从外部获取的知识并加以利用和商业化的一种能力，与企业已有知识基础密切相关，具有累积性和路径依赖性的特点。扎赫拉和乔治（Zahra and George，2002）将知识吸收能力界定为主体对外部知识的获取、吸纳、转化以及开发利用的能力，并将其分为潜在吸收能力和现实吸收能力，前者是指对外部隐性知识进行获取和消化的能力，后者是指对已经消化后的外部隐性知识进行转化与利用的能力。此定义里的知识吸收包含了知识获取活动。卡拉格里和尼吉坎普（Caragliu and Nijkamp，2012）将此定义引用到区域层面，认为有效的区域吸收能力不仅要识别和熟悉外部知识，还要进行持续的吸收学习，只有当吸收学习的对象与自身所拥有知识是相关的时候，学习绩效才是优化的。本书将各省域城市的吸收能力界定为各省域城市范围内的创新组织基于自身已有的知识基础,不断地识别从内外部获取的有用的知识,并加以消化和利用的能力。

二、研究变量之间的关系

(一) 知识获取与各省域城市技术创新能力

根据竹内弘高和野中郁次郎 (2005) 的知识创造观点,组织新知识的产生需要经历两个环节:一是搜集知识创新所需的组织内、外部知识,即知识获取;二是对现有知识进行整合和转化,即知识创造。吉本斯和约翰斯顿 (Gibbons and Johnston,1974) 的研究认为,企业解决技术问题所需的知识单元中,超过 1/3 来自企业外部。可见,外部知识获取是企业进行知识创造和生产新知识的一个重要环节。一个省域城市在进行技术创新时也存在大量的知识获取现象,且多种知识获取方式并存。例如,市场化推动的企业技术创新需要寻求高校或科研机构在基础研究上的合作,以获取前沿的专业知识,促进内部研发。具有自然资源禀赋但又相对欠缺研发能力和先进技术知识的省域城市,需要从其他省域城市或国外购买引进先进技术设备和知识,以缓解城市区域内部知识资源贫乏的困境,降低自身研发成本并加速城市技术创新。同时,从外部获取知识资源能为各省域城市创新注入新鲜"血液",各省域城市可避免只在某个路径上积累知识而导致的技术创新核心刚性问题。因此,不管对于省域城市内的某个创新主体,还是对于整个省域城市,外部知识获取都是城市创新系统开展自主研发和知识创新的不可缺少的环节。

具体而言,产学研合作有助于高校、科研院所、企业等组织之间隐性知识的分享与获取,有利于共同形成新的创意和实现根本性的技术创新,进而提升各省域城市创新能力。国内技术购买和国外技术引进有助于创新组织从省域城市内外部获取先进的技术和知识，并快速进行模仿创新，因而能够有效地提高各省域城市的创新效率，同时减少自主研发带来的时滞性和其他风险。也就是说，这三种知识获取方式有助于各省域城市的创新组织从外部获取创新所需的知识资源。因此，本书认为，产学研合作、国内技术购买和国外技术引进对提升各省域城市的创新能力具有促进作用。

（二）知识获取与吸收能力

吸收能力最早由科恩和利文索尔（Cohen and Levinthal，1990）提出，是认知心理学中的个体认知能力在组织研究领域中的引用，其本质是强调组织学习在组织吸收、内化知识以及技术创新过程中所发挥的重要作用。同样，区域层面的吸收能力也日益得到关注。区域学习创新理论的核心观点就是"为了追求一种特殊的地方环境以增强企业的学习创新能力"（苗长虹，1999）。

对于一个省域城市，吸收能力与知识获取密切相关。一方面，从知识存量变化看，一个省域城市内部的创新主体通过产学研合作、国内外技术交易等方式从省域城市内外部的其他组织获取有用知识，可以增加该省域城市知识存量，提高知识的多样性和互补性。一个省域城市内部知识的多样性和互补性越强，创新主体越能对这些知识达到一个更高层次的吸收和整合，并内化为自身可用的知识，从而有助于提高城市吸收能力。另一方面，从知识获取路径看，在省域城市内部展开产学研合作能为每个创新主体带来更多的合作创新"老师"和"伙伴"，创新主体可自由选择合作对象以保证所获取知识的质量、减少合作创新风险，进而为提升吸收能力提供保障。另外，一个省域城市在购买国内技术和引进国外技术后，创新主体对其进行消化吸收、模仿和再创造，这一过程显然也有助于增强创新主体乃至整个省域城市的消化吸收能力。因此，我们认为产学研合作、国内技术购买和国外技术引进这三种知识获取方式都有利于提升省域城市的吸收能力。

（三）知识获取、吸收能力与省域城市技术创新能力

参考竹内弘高和野中郁次郎（2005）的知识创造观点，在创新过程中，一个省域城市及其创新主体对自身已有知识和所获取的外部知识进行社会化、外化、结合和内化等活动，这些活动环节不断循环、螺旋上升，其中不断涌现出新知识。其中，社会化、外化、结合和内化即为对已有知识的消化吸收。也就是说，对从外部所获取的知识资源进行消化吸收有助于省域城市的知识创新。科恩和利文索尔（Cohen and Levinthal，1990）认为，具有较强吸收能力的企业能够更好地识别和理解外部技术和知识的价值。苏兰斯基（Szulanski，1996）认为，知识受体若缺乏吸收能力，则会导致知识粘滞，而知识受体吸收能力强是一个系统内部最佳实践里难以被模仿的主要原因之一。克努森和罗马（Knudsen and Roman，2004）经过实证研究后认为，知识吸收能力是预测组织创新能力的一个非常重要的变量。在省域城市层面，若一个省域城市及其内部创新主体具有较强吸收能力，则能更好地从外部识别和获取有价值的技术和知识。刘顺忠和官建成（2001）认为，一个省域城市的知识吸收能力是影响城市创新能力的关键因素，并通过定量研究加以证实。相反，如果一个省域城市及其内部创新主体的吸收能力较弱，在寻找、获取适合自己的外部技术和知识来源时可能需要付出更高的成本。如果主要依赖于外部技术购买和引进进行创新，则需要在更大范围内寻找有价值的外部技术和知识来源，但较弱的知识基础和有限的吸收能力难以对外部新知识进行识别和消化吸收，因而难以从中受益。因此，吸收能力在外部知识获取与省域城市知识创新之间具有一定的桥梁作用，这也符合"引进—消化吸收—再创新"的技术演进规律。

从知识学习的深度和广度看，区域创新有开发与探索两种模式，前者

是对现有技术进行"深挖"和充分利用，后者是在产品、技术和市场等方面进行合作探索与创新，不断提升核心竞争力（潘鑫等，2015）。这两种创新方式同样适用于各省域城市的知识创新。具体而言，吸收能力会在外部知识获取与省域城市知识创新之间起到开发式和探索式两种桥梁作用。在开发式桥梁作用中，一个省域城市及其创新主体基于已有知识基础，对外部知识资源进行吸收和深度挖掘，进而进行重组、再造，并加以快速应用，克服解决问题过程中的关键性障碍，有助于提升知识创新效率。在探索式桥梁作用中，一个省域城市及其创新主体通过消化吸收外部知识，培育自主研发与创新能力，开发出全新的产品或技术、开拓新市场等，进而实质性地提升省域城市创新的能力及效果。综合起来，本书认为，吸收能力在外部知识获取与省域城市知识创新之间起到一定的中介作用。

第二节　研究设计

一、模型构建

针对上述研究变量间关系的理论分析结果，同时参考温忠麟等（2004，2005）关于中介效应检验的观点，本书构建了产学研合作（IUR）、国内技术购买（TN）、国外技术引进（TF）、吸收能力（HR）与省域城市创新能力（PAT）之间关系的理论模型。为使变量的数值趋于平稳、消除异方差的影响以及变量间多重共线性的问题，本书分别对所有变量取对数并做中心化处理，具体模型如下：

$$\ln PAT_{it} = \beta + \beta_1 \ln IUR_{it} + \beta_2 \ln TN_{it} + \beta_3 \ln TF_{it} + u_{it} \qquad (5-1)$$

$$\ln HR_{it} = \beta + \beta_4 \ln IUR_{it} + \beta_5 \ln TN_{it} + \beta_6 \ln TF_{it} + u_{it} \qquad (5-2)$$

$$\ln\text{PAT}_{it} = \beta + \beta_7 \ln IUR_{it} + \beta_8 \ln TN_{it} + \beta_9 \ln TF_{it} + \beta_{10} \ln HR_{it} + u_{it}$$

$$(5-3)$$

其中：β 表示截距项，i 表示截面个体，t 表示年份，u_{it} 为随机误差项。

模型（5-1）用来检验三种知识获取方式对省域城市创新能力影响的显著性，模型（5-2）用来检验三种知识获取方式对吸收能力影响的显著性。模型（5-3）与模型（5-1）和（5-2）一起，共同检验吸收能力在三种知识获取方式与省域城市创新能力之间中介效应的显著性。

与上述模型相对应，中介效应检验步骤如下：

第一步：检验模型（5-1）的回归系数 β_1、β_2、β_3，若显著则进行第二步，若不显著则停止中介效应检验；

第二步：分别检验模型（5-2）和模型（5-3）的回归系数，若模型（5-2）的回归系数 β_4、β_5、β_6 和模型（5-3）中介变量的回归系数 β_{10} 都显著，则进行第三步，若 β_4、β_5、β_6、β_{10} 中只要有一个不显著，则进行第四步，若都不显著，则停止中介效应检验；

第三步：检验模型（5-3）自变量的回归系数 β_7、β_8、β_9，若显著，则表明是部分中介效应，若不显著，则表明是完全中介效应；

第四步：Sobel 检验，若 z 统计量显著，则表明中介效应显著；若 z 统计量不显著，则表明中介效应不显著。

本书在构建模型时，遵循以下几个原则：

第一，目的性。本书从知识管理视角出发，研究知识转移对各省域城市创新能力的影响关系，在启发各省域城市在判断自身创新能力与其他省域城市创新能力的差异时，着重于从城市创新系统的产学研合作、国内技术购买、国外技术引进和技术知识消化吸收能力的差距做出判断，从而提出城市创新与知识管理策略，以促进城市经济的发展。

第二，科学性。既涉及模型构建，要求模型中变量设计的理论基础正确，即每个变量的选择都有合理的科学依据，还涉及研究变量的测量指标体系设计，要求测量指标体系具有完备性、系统性和严密性。本书基于知识管理、创新和区域发展等理论，以及知识转移与城市创新的相关研究构建研究模型，对知识获取、吸收能力与省域城市创新能力之间的逻辑关系进行演绎分析，并根据计量经济学知识，选用合适的计量经济模型。对于研究变量的测量指标体系设计，本书主要借鉴已有文献的相对成熟的做法，选用科学、合适的测量指标。

第三，实用性。涉及所构建模型中的研究变量及其测量指标的选用。从城市创新实践出发，做到理论研究内容与实践发展需要相结合，符合目的性和科学性原则。从现有研究看，部分文献对省域城市创新过程中的知识转移问题展开研究，也从不同研究立场选用省域城市创新能力的测量指标。本书在借鉴已有研究的同时，结合我国省域城市创新发展实践和数据可得性，选用产学研合作、国内技术购买、国外技术引进作为知识获取的研究变量，从统计年鉴中选用产学研合作、国内技术购买、国外技术引进、吸收能力和省域城市创新能力的具体测量指标。

第四，独立性。为提高研究结果的有效性，需要力求确保所选取的研究变量及测量指标之间是相互独立的，以最小化彼此之间的共性程度。本书选取产学研合作、国内技术购买和国外技术引进作为省域城市知识获取的具体研究变量，原因是考虑这些变量共同测量了省域城市知识获取，同时变量之间相互区别和相互独立。相应地，本书对所有研究变量的测量指标的选用都将遵循独立性原则。

第五，可量化性。为体现研究结果的直观性，本书此部分对省域城市的创新能力、知识获取和吸收能力所设计的测量指标均为可量化指标，而非定性指标。为了全面、清晰地反映出实际情况，本书在评判知识获取和吸收能力对省域城市创新能力的影响关系和作用路径时，还配以必要的定性分析。

二、样本数据来源与变量选取

本文选用 2002～2015 年中国 30 个省份数据为样本，数据主要来源于《中国统计年鉴》和《中国科技统计年鉴》。由于西藏地区多年缺乏产学研合作、国内技术购买、国外技术引进和吸收能力等变量指标的数据，因此本书考察的样本为不包括西藏的其他 30 个省份。本书所涉及的变量指标选取如下：

1. 省域城市创新能力

由于采用专利申请受理数量衡量创新能力在文献中是一种惯常的做法，因此本书选用专利受理数量衡量省域城市创新能力，主要包括发明专利、实用新型专利和外观设计专利三类专利的数量之和。

2. 产学研合作

参考李淑和夏宇（2012）的做法，本书选择各省域城市高校和研究开发机构的研发经费内部支出中，来自企业的资金之和，作为产学研合作的具体衡量指标。因《中国统计年鉴》和《中国科技统计年鉴》中无 2002～2008 年高校研发经费内部支出的数据，本文采用 2002～2008 年高校科技活动经费筹集中来自企业资金的数据代替。

3. 国内技术购买

借鉴大部分文献的做法，本书采用技术市场成交额作为衡量指标。

4. 国外技术引进

借鉴大部分文献的做法，本书采用国外技术引进合同金额作为衡量指标。

5. 吸收能力

吸收能力是一个抽象的概念，要量化和衡量吸收能力，既要不失科学性，即反映该概念的本质内涵，同时要避免模糊性。本哈比和斯皮格尔（Benhabib and Spiegel，1994）从技术差距角度丰富了吸收能力的内涵，并把人力资本视为影响一个国家或地区模仿和吸收外界先进技术的最重要因素。卡拉格里和尼吉坎普（Caragliu and Nijkamp，2012）从经费投入、人力资本等方面测量区域吸收能力。刘顺忠和官建成（2001）认为，人力投入能够有效增强省域城市创新系统的吸收能力。陈晓红和宋洋（2011）从基础教育水平、知识交流能力、知识应用成效等方面测量区域创新系统中的知识吸收能力。不难看出，人力资本体现了员工自身的知识、态度和能力的动态组合，能够更好地反映创新需要员工经过脑力劳动对所引进技术和知识进行加工、处理和内化的内涵。因此，本书借鉴已有研究，选用人力资本作为省域城市吸收能力的衡量变量，并采用研发人员全时当量作为具体的衡量指标。

综上，各研究变量的测量指标如表 5 – 1 所示。

表 5 – 1　　　　　　　　　　**研究变量的测量指标**

变量类别	变量	测量指标
因变量	省域城市创新能力（FAT）	专利受理数量
自变量	产学研合作（IUR）	各地区高校和研究开发机构的研发经费内部支出中来自企业资金之和
	国内技术购买（TN）	技术市场成交额
	国外技术引进（TF）	国外技术引进合同金额
中介变量	吸收能力（HR）	研发人员全时当量

第三节　省域城市层面的实证分析

面板数据的非平稳性可能会造成伪回归，因此，在进行回归分析前，本书运用计量经济学软件包（econometrics views，Eviews）6.0 对 2002 ～ 2015 年全国 30 个省份的面板数据进行单位根检验。单位根检验的方法主要有列文 – 林 – 初实验（Levin-Lin-Chu test，LLC）、根检验法（Augmented

Dickey-Fuller test，ADF）、菲利普斯和佩伦试验（Phillips and Perron test，PP）等，只要通过其中一种检验，即可认为原始序列是平稳的。本书采用 LLC 方法对各省域城市的面板数据进行单位根检验，结果如表 5 - 2 所示，所有变量的原始序列均通过了显著性检验，即 $\ln PAT \sim \mathrm{I}$（0），$\ln IUR \sim \mathrm{I}$（0），$\ln TN \sim \mathrm{I}$（0），$\ln TF \sim \mathrm{I}$（0），$\ln HR \sim \mathrm{I}$（0）。

表 5 - 2   省域城市面板数据单位根检验结果

变量	$\ln PAT$	$\ln IUR$	$\ln TN$	$\ln TF$	$\ln HR$
LLC 统计值	- 3. 43 ***	- 8. 71 ***	- 6. 04 ***	- 6. 58 ***	- 15. 47 ***
P 值	0. 00	0. 00	0. 00	0. 00	0. 00

注：*、**、*** 分别表示 10%、5%、1% 的显著水平。

在面板数据平稳性的基础上，本书对产学研合作、国内技术购买、国外技术引进三种知识获取方式对省域城市创新能力的影响关系，以及吸收能力在两者关系之间的中介效应进行模型估计，估计结果如表 5 - 3 所示。

表 5 - 3   省域城市的模型估计结果

变量		模型 1	模型 2	模型 3
因变量		$\ln PAT$	$\ln HR$	$\ln PAT$
自变量	$\ln IUR$	0. 620 *** (0. 000)	0. 272 *** (0. 000)	0. 547 *** (0. 000)
	$\ln TN$	0. 595 *** (0. 000)	0. 339 *** (0. 000)	0. 506 *** (0. 000)
	$\ln TF$	0. 054 *** (0. 047)	0. 062 * (0. 09)	0. 037 (0. 139)
	$\ln HR$			0. 265 *** (0. 000)
Cons		- 5. 207 *** (0. 000)	2. 666 *** (0. 000)	- 5. 914 *** (0. 000)
R^2		0. 920	0. 772	0. 931

注：*、**、*** 分别表示 10%、5%、1% 的显著水平。

随后，根据赤池信息准则（akaike information criterion，AIC）和施瓦茨信息准则（schwarz information criterion，SIC），判断各模型中前置变量对因变量影响的滞后性。本书认为，根据 AIC 准则和 SIC 准则判断，适合将模型 1 的因变量滞后两期、模型 2 的因变量滞后零期、模型 3 的因变量滞后一期。

从表 5 – 3 的 R^2 可以看出，各个模型的拟合度都比较高，表明各个模型的前置变量均能较好地解释因变量。在模型 1 中，各知识获取变量的回归系数均为正，且在 1% 的水平下显著，这表明产学研合作、国内技术购买和国外技术引进均对省域城市创新能力有着显著的提升作用。另外，与国外技术引进相比，产学研合作和国内技术购买的回归系数明显较大。这表明，国内技术和知识的获取、转移对省域城市创新能力的贡献程度更大，加强产学研合作，加大国内技术购买力度，将隐性知识获取与显性知识获取相结合，能有效提升省域城市创新能力。然而，从国外引进的往往是非核心技术甚至是落后技术，导致国外技术引进对省域城市创新能力的提升作用较为有限。

进一步，检验吸收能力在各知识获取变量与省域城市创新能力之间的中介作用。在模型 1 的基础上，先检验各知识获取方式对省域城市吸收能力的影响关系，结果为表 5 – 3 的模型 2。可以看出，产学研合作、国内技术购买对省域城市吸收能力的回归系数均为正，且在 1% 的水平下显著；国外技术引进的回归系数为正，且在 10% 的水平下显著。这些表明，产学研合作、国内技术购买和国外技术引进均显著、正向地影响省域城市的吸收能力。回归分析吸收能力、各知识获取变量对省域城市创新能力的影响关系，结果为表 5 – 3 的模型 3。可以看出，吸收能力的回归系数为正，且在 1% 的水平下显著；产学研合作、国内技术购买的回归系数依旧正向显著，而国外技术引进的回归系数不显著。这些结果表明，吸收能力在产学研合作、国内技术购买与省域城市创新能力之间均具有部分中介作用；在国外技术引进与省域城市创新能力之间具有完全中介作用。

第四节 省域城市组群的实证分析

某些省域城市虽然在人文、地理上存在差异，如北京、上海和广东，但在人力资本、经济发展优惠政策、创新条件等方面存在较大的相似性，省域城市创新能力水平也较为相近。库克（Cooke，1992）根据发展潜力对区域进行分类，将欧洲 11 个地区划分为具有较强发展潜力、具有中等发展潜力和不具备发展潜力三类区域。因此，不同于大多数国内文献采用东、中、西部地区的划分方式，本书借鉴库克（Cooke，1992）的研究，以省域城市创新能力水平为依据，运用统计产品与服务解决方案（statistical product and service solutions，SPSS）软件 17.0 进行聚类分析，将全部样本省域城市划分为具有高、中、低创新能力的 3 个组群，如表 5 - 4 所示。

表 5 - 4 省域城市组群划分

省域城市组群类型	对应的省域城市
高创新能力省域城市组群	北京、上海、江苏、浙江、山东、广东
中创新能力省域城市组群	天津、河北、辽宁、黑龙江、安徽、福建、河南、湖北、湖南、重庆、四川、陕西
低创新能力省域城市组群	山西、内蒙古、吉林、江西、广西、海南、贵州、云南、甘肃、青海、宁夏、新疆

在回归分析前，本书采用 Dickey 和 Fuller（1981）提出的单位根检验（ADF）方法和格兰杰（Engle-Granger，EG）两步法分别对高、中、低创新能力三个省域城市组群的时间序列数据进行单位根检验和协整检验，结果如表 5 - 5 所示。可以看到，在高、中、低创新能力省域城市组群中，除吸收能力外，其他变量的原始数列均未通过显著性检验。然后，使用 EG

两步法进行协整分析，均可得到 $\ln PAT$、$\ln IUR$、$\ln TN$、$\ln TF$、$\ln HR \sim CI$ (2，0)。因此，对于这三个省域城市组群，创新能力、产学研合作、国内技术购买、国外技术引进和吸收能力这五个变量之间存在协整关系。

表 5-5　　　　　　　　省域城市组群单位根检验及协整检验结果

组群类别	$\ln PAT$	$\ln IUR$	$\ln TN$	$\ln TF$	$\ln HR$	resid
高创新能力省域城市组群	(C, 0, 2)	(C, 0, 1)	(C, T, 1)	(C, 0, 1)	(C, T, 0)	(0, 0, 0)
	-4.55 ***	-3.72 **	-3.49 **	-3.78 ***	-3.49 *	-3.96 ***
中创新能力省域城市组群	(C, 0, 1)	(0, 0, 1)	(0, 0, 2)	(0, 0, 1)	(C, T, 0)	(C, T, 0)
	-2.86 *	-2.63 **	-2.30 **	-4.19 ***	-3.42 *	-3.89 **
低创新能力省域城市组群	(C, 0, 1)	(C, 0, 1)	(C, 0, 2)	(0, 0, 2)	(C, T, 0)	(0, 0, 0)
	-5.57 ***	-3.72 **	-3.63 **	-2.56 **	-3.60 **	-2.99 ***

注：*、**、***分别表示10%、5%、1%的显著水平。

本文采用加权最小二乘法（weighted least square method，WLS）分别对三个省域城市组群的各知识获取变量对创新能力的影响关系，以及吸收能力在两者之间的中介作用进行模型估计，估计结果如表5-6所示。在高创新能力组群，由模型1可以看出：

第一，产学研合作对省域城市组群创新能力具有显著的负向影响。其原因可能是：一方面，虽然该组群各省域城市的研发创新能力强，但基础研究和应用研究脱节，基础研究成果主要体现为在刊物上发表文章，距离企业应用还有很大的一段差距；另一方面，该组群各省域城市虽有产学研经费投入，但产学研之间往往缺乏有效的联动机制，使得合作各方的优势知识未能得到充分的获取和利用。

第二，国外技术引进对省域城市组群创新能力具有显著的正向影响，而国内技术购买的影响不显著。高创新能力省域城市组群技术进步较快，其高新技术水平在国内处于领先地位，这使得用于国内技术购买经费投入未能发挥提高创新能力的效用。因此，在中介效应检验中不再考虑国内技术购买这一变量。但是，高创新能力组群中各省域城市的技术水平与国外

表 5－6　　省域城市组群模型估计结果

变量	高创新能力组群			中创新能力组群			低创新能力组群		
	模型 1 lnPAT	模型 2 lnHR	模型 3 lnPAT	模型 1 lnPAT	模型 2 lnHR	模型 3 lnPAT	模型 1 lnPAT	模型 2 lnHR	模型 3 lnPAT
lnIUR	-0.260*** (0.00)	-0.550 (0.43)	-0.280*** (0.00)	-0.120*** (0.00)	-0.430 (0.56)	-0.130*** (0.00)	-0.078 (0.18)		
lnTN	-0.248 (0.14)			0.790*** (0.00)	-0.120 (0.58)	0.620*** (0.00)	0.023 (0.56)		
lnTF	0.520*** (0.00)	-0.010 (0.99)	0.430*** (0.00)	-0.039 (0.27)			0.070*** (0.00)	-0.158 (0.32)	0.080*** (0.00)
lnHR			-0.010 (0.37)			0.030*** (0.00)			0.060*** (0.00)
$Cons$	-0.011 (0.51)	0.086 (0.40)	-0.028 (0.13)	0.001 (0.93)	0.094 (0.28)	-0.005 (0.22)	0.011** (0.21)	0.106** (0.03)	-0.001 (0.78)
R^2	0.98	0.09	0.86	0.96	0.13	0.99	0.96	0.10	0.81

注：*、**、***分别表示10%、5%、1%的显著水平。

先进技术水平仍存在一定差距，因而引进国外技术对该组群的创新能力产生促进作用。为检验省域城市组群吸收能力的中介作用，在模型 1 的基础上，本书检验各知识获取变量与省域城市组群吸收能力之间的关系，得到表 5 – 6 高创新能力省域城市组群中模型 2 的结果。可以看出，产学研合作和国外技术引进对省域城市组群吸收能力的影响都不显著。随后，本书进一步回归分析产学研合作、国外技术引进和吸收能力对省域城市组群创新能力的影响关系，结果为表 5 – 6 高创新能力省域城市组群中的模型 3。可以看出，吸收能力对省域城市组群创新能力没有显著的影响。至此可以判断，在高创新能力省域城市组群，吸收能力在产学研合作、国外技术引进与创新能力之间不具有中介作用。

在表 5 – 6 的中创新能力省域城市组群，由模型 1 可以看出：一是产学研合作对创新能力具有显著的负向影响，这可能跟学研机构基础研究与企业应用研究脱节以及产学研之间缺乏有效联动机制有关；二是国内技术购买对省域城市组群创新能力具有显著的正向影响，一个可能的原因是，中创新能力省域城市组群的技术和创新在国内处于中等水平，与高创新能力省域城市组群存在一定的差距，因而更易于接受购买的国内技术，借此提升省域城市组群创新能力；三是国外技术引进对省域城市组群创新能力的影响不显著。因此，在中介效应检验中不再考虑国外技术引进变量。为检验吸收能力的中介作用，本书在模型 1 的基础上，检验产学研合作、国内技术购买与吸收能力之间的关系，得到模型 2 的结果。可以看出，产学研合作和国内技术购买对吸收能力的影响都不显著。随后，本书进一步回归分析产学研合作、国内技术购买和吸收能力对省域城市组群创新能力的影响关系，结果如模型 3 所示。其中，吸收能力对省域城市组群创新能力具有显著的正向影响。借鉴温忠麟等（2004）的观点，本书分别对吸收能力在产学研合作、国内技术购买与省域城市组群创新能力之间的中介作用进行索贝尔（Sobel）检验，检验结果如表 5 – 7 所示。从 Z_1 和 Z_2 统计量的显著性水平可判断得出，吸收能力在产学研合作、国内技术购买与省域城市组群创新能力之间的中介效应显著。同时，由表 5 - 6 中创新能力省域城市组群的模型 3 还可知，产学研合作对省域城市组群创新能力具有显著的负向影响，国内技术购买具有显著的正向影响，与模型 1 结果保持一致。这说明，对于中创新能力省域城市组群，吸收能力在产学研合作、国内技术购买与创新能力之间均起到部分中介作用。

表 5 - 7　　　　　　　　中创新能力省域城市组群的 Sobel 检验结果

变量	指标参数	吸收能力	省域城市组群创新能力
产学研合作	回归系数	$M = -1.07x$ （$a = -1.07$）	$Y = -0.05x + 0.009M$ （$b = 0.009$）
	标准误差	$S_a = 0.272$	$S_b = 0.0046$
	Sobel	$Z_1 = -1.752^*$	
国内技术购买	回归系数	$M = -156x$ （$a = -1.56$）	$Y = 0.569x + 0.036M$ （$b = 0.036$）
	标准误差	$S_a = 0.212$	$S_b = 0.005$
	Sobel	$Z_2 = -5.146^{***}$	

注：统计量 $Z = \hat{a}\hat{b}/s_{ab}$，$s_{ab} = \sqrt{\hat{a}s_b^2 + \hat{b}s_a^2}$，其中 s_a^2 和 s_b^2 分别是 $\hat{a}$ 和 $\hat{b}$ 的标准误差。

在表 5 - 6 的低创新能力省域城市组群，由模型 1 可以看出，国外技术引进对省域城市组群创新能力具有显著的正向影响，产学研合作和国内技术购买的影响均不显著。因此，本书在中介效应检验中不再考虑产学研合作和国内技术购买这两个变量。同样地，为了检验吸收能力的中介作用，在模型 1 的基础上，检验国外技术引进与吸收能力之间的关系，得到模型 2 的结果，可以看到，二者之间的关系不显著。随后，本书进一步回归分析国外技术引进、吸收能力对省域城市组群创新能力的影响关系，结果如模型 3 所示，其中，吸收能力对省域城市组群创新能力产生显著的正向影响。借鉴温忠麟等（2004）的观点，吸收能力在国外技术引进与省域城市组群创新能力之间的中介作用需要进行 Sobel 检验，检验结果如表 5 - 8 所示。从 Z_3 统计量的显著性水平可判断得出，吸收能力在国外技术引进与省域城市组群创新能力的中介作用不显著。可以认为，在低创新能力省域城市组群，国外技术引进对省域城市组群创新能力具有显著的直接影响，但吸收能力在其中不具有中介作用。

表 5 – 8　　　　　低创新能力省域城市组群的 Sobel 检验结果

变量	指标参数	吸收能力	省域城市组群创新能力
国外技术引进	回归系数	$M = -0.158x$ （$a = -0.158$）	$Y = 0.075x + 0.064M$ （$b = 0.064$）
	标准误差	$S_a = 0.193$	$S_b = 0.013$
	Sobel	$Z_3 = -0.807$	

注：统计量 $Z = \hat{a}\hat{b}/s_{ab}$，$s_{ab} = \sqrt{\hat{a}s_b^2 + \hat{b}s_a^2}$，其中 s_a^2 和 s_b^2 分别是 $\hat{a}$ 和 $\hat{b}$ 的标准误差。

　　综合来看，高创新能力省域城市组群的吸收能力对创新能力没有显著的促进作用，同时对各知识获取变量与创新能力之间也没有中介作用。中、低创新能力省域城市组群的吸收能力对创新能力都具有显著的促进作用，且对中创新能力省域城市组群产学研合作、国内技术购买与创新能力之间起到部分中介作用。这与不同省域城市组群的创新模式有关。潘鑫等（2015）通过实证研究认为，我国沿海发达地区的创新模式以探索、研发新技术为主，内陆欠发达地区的创新模式以开发、利用现有技术为主，其余地区兼具这两种模式。显然，高创新能力省域城市组群偏向于探索型自主研发的创新模式，投入到对外部知识资源进行消化吸收的精力较少。而中、低创新能力省域城市组群的自主创新能力较弱，更倾向于从外部获取知识资源。中创新能力省域城市组群的知识基础和吸收能力相对较强，因而产学研合作和国内技术购买能够通过吸收能力影响该组群创新能力。低创新能力省域城市组群的经济发展和技术创新水平低，知识基础和吸收能力薄弱，对引进的国外技术倾向于简单的模仿创新，因而国外技术引进未能通过吸收能力影响该组群创新能力。

第六章　知识转移对北京市各城区创新能力的影响效应

CHAPTER 6

第一节　研究变量之间关系的理论分析

借鉴赵黎明等（2002）对创新综合能力的概念界定，本书认为，城市创新能力是指一个城市在创新过程中，在充分利用现代化信息与通信技术的基础上，不断地将知识、技术、信息等创新要素纳入社会生产过程的能力，是对一个城市知识、技术发展状况的综合反映。知识转移是指一个主体（包括个人、团队和组织）向另一个主体转移知识、并取得某种效果的活动（左美云等，2010）。对城市创新系统而言，知识转移是企业、高校、科研院所和中介机构等各个创新主体从知识源到知识受体传递与转移知识的过程。

从研究文献看，有关省域城市内部子区域知识流动与创新关系的研究多采用"知识溢出"和"研发要素流动"等概念，而较少使用"知识转移"。但从内在含义看，知识溢出与知识转移在本质上都是用于描述城市创新系统中知识传递与扩散的行为。但是，知识溢出多是无意识或非正式的，与之相比，知识转移更强调知识源、知识受体和知识转移过程协调的

157

主观能动性（林东清，2005）。由于知识流动不会自动发生，需要由其载体——人——基于某种目的来执行和完成，所以，本书选用"知识转移"这一术语，以反映城市创新系统知识传递与扩散的能动性特征。另外，"研发要素流动"所涉及的研发要素范围较广，除了知识要素，还包括资金等其他创新资源（李涛和张贵，2019）。此外，与"研发要素流动"相比，知识转移更具主观能动性。因此，本书采用"知识转移"考察北京市各城区发生的知识传递与扩散情况。

如前面章节所述，科技合作是城市创新系统中企业、高校、政府、中介机构等创新主体通过合作实现技术知识转移的一种重要方式。另外，企业、高校、政府的研发部门都是创造知识的源泉，研发活动所开展的各种正式及非正式的交流都会促进城市创新系统的知识溢出（Cabrer-Borrás and Serrano-Domingo，2007；周锐波等，2019）。此外，从跨越国界角度看，东道国的企业、高校、科研机构与其他国家的创新主体进行跨国合作是城市创新系统实现国际知识转移的一种方式。其中，外商直接投资是一种典型的体现，我国引进外商直接投资不仅是为了获取国外的资金，还在于通过模仿、人员流动等方式获取和转移国外先进知识。所以，外商直接投资是我国各城市引进国外技术知识的重要途径之一，可以有效衡量我国各城市引进国外技术的程度。因此，结合变量选取的科学性、实用性与数据可获得性，本书选用科技合作、研发活动和外商直接投资作为知识转移的三种方式和研究变量，探讨这些变量对北京市各城区创新能力的影响关系。

科技合作是连接技术供给者和技术需求者的桥梁，为创新主体之间关于技术研发与创新提供了良好的互动机会，使创新主体能够从中各取所需，实现各自的创新目标。作为技术供给者，科技合作能够为其带来新的技术需求，促使其专注于基础研究和技术前沿问题探索，从而有助于其提升研发创新能力。作为技术需求者，科技合作能够使其获得所需的技术，减少自身研发的时间和潜在风险，还可以使其在与技术供给者的交互中掌握新知识、新技术，提高自身技术知识吸收能力和探索创新能力。北京各城区之间科技资源较分散，每个城区企业研发机构的技术创新水平各有不同。各创新主体在城区内部或跨城区开展科技合作，有助于各城区整合内外部的研发资源，形成高效的知识创新网络，促进各城区创新能力的提升。

研发活动作为一种知识转移方式，是指北京市各城区的企业、高校、研发机构在研发过程中，彼此之间发生的各种正式和非正式的交流，这些交流能带来知识溢出效应。由于知识具有公共物品的部分属性，具有非竞争性和不完全排他性的特征，可以通过交流与共享而得到扩散和利用。企业、高校、政府的研发部门都是研发、试验和创造新知识的场所，彼此对研发过程与结果的探讨和交流是典型的知识扩散和利用"场"（竹内弘高和野中郁次郎，2005），不仅促进知识在各个创新主体和各城区之间的传播，还能因此而启发创新灵感、促进新知识创造，从而提高这些城区的创新能力和创新绩效。有实证研究表明，企业、高校、政府的研发部门之间的各种正式和非正式的交流产生了明显的知识溢出效应，对区域创新能力提升产生明显的促进作用（Cabrer-Borrás and Serrano-Domingo，2007）。北京市高校、科研院所数量多，研发机构发展规模在全国处于领先地位，创新资源密集。尤其是中关村科技园"一区十六园"的设置，有助于在16个城区进行研发机构的合理配置和促进创新资源的合理流动，通过研发活动中的交流共享，促进创新知识和技术在各个城区的扩散和利用。由此可推断，北京市各城区的研发交流能够驱动各城区创新能力的提升。

外商直接投资作为一个城市进行国际知识转移的一种方式，是指掌握先进技术的跨国公司在东道国进行投资时，通过指导、示范、人员流动等方式，与当地企业进行互动交流，从而产生技术知识的溢出和转移。跨国公司往往拥有先进的技术知识、研发能力、管理经验等优势创新资源，在东道国进行投资的初衷主要是为了在东道国拓展市场、获取劳动力要素，因而将东道国要素禀赋作为决策的主要因素。但是，在东道国的研发活动、产品生产、业务运作等各个环节，跨国公司进行指导、示范，东道国企业进行模仿，加上两国公司人员流动等，存在明显的知识转移现象。有研究表明，外商直接投资通过示范和科技人员流动等方式，带来明显的知识溢出效应，促进东道国企业研发活动的开展（蒋殿春和夏良科，2005）。当然，知识外溢对东道国创新能力的提升作用与东道国的吸收能力和创新基础密切相关。叶娇和王佳林（2014）对江苏省13个城市的实证研究结果显示，经济发展水平、基础设施和人力资本显著地促进了外商直接投资对当地的技术溢出效应，外商直接投资的流入对江苏省技术创新水平产生了明显的、积极的影响作用，而这与当地的经济发展水平、基础设施和人力资本密切相关。北京市在科技、政治、经济、文化、生态功能规划和地理位置等方面具有良好的要素禀赋，因而吸引了不少外商直接投资。根据北京市统计局统计数据显示，2015年，北京市实际利用外商直接投资达到130亿美元，至2018年，该指标增长至173.1亿美元。而且，北京市创新基础和吸收能力强。因此，本书认为，外商直接投资对各城区创新能力具有正向的影响。

综上分析，本书提出，科技合作、研发活动和外商直接投资都对北京市各城区的创新能力具有积极的影响作用，并提出如图6-1所示的研究框架。

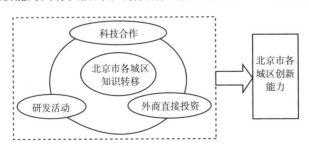

图6-1　本章的研究框架

第二节 研究设计

一、估计模型构建

本书研究城市创新能力提升问题，即研究何种途径能够促进城市区域内的研发部门创造新知识。通过文献研究发现，多数知识产出问题的研究模型使用柯布道格拉斯生产函数作为理论模型。格里利谢斯（Griliches，1979）最先给出了柯布道格拉斯生产函数形式的知识生产函数，即 $I_i = \alpha R\&D_i^\beta HK_i^\gamma \varepsilon_i$，其中 I 为知识产出，$R\&D$ 和 HK 分别为研发投入和研发人员投入，i 为考察地区。贾菲（Jaffe，1986）考虑到高校知识溢出对区域创新的重要性，将高校知识溢出作为变量加入到该模型中。后来，不少学者根据研究需要，灵活选用研究变量，在知识生产函数中加入了产业环境、商品贸易等因素，以更好地反映创新活动特点和实现研究目标（孙瑜康等，2017；周锐波等，2019）。本书为探究知识转移对北京市各城区创新能力的影响关系，基于柯布道格拉斯生产函数，构建如下模型：

$$IC = cSTC^\alpha R\&D^\beta FDI^\gamma \qquad (6-1)$$

其中：IC、STC、$R\&D$、FDI 分别为城市创新能力、科技合作、研发活动、外商直接投资，α、β、γ 分别为科技合作、研发活动、外商直接投资的产出弹性，c 为常数。

将式（6-1）两侧取自然对数进行线性化，构建模型如下：

$$\ln IC_{it} = c + \alpha \ln STC_{it} + \beta \ln R\&D_{it} + \gamma \ln FDI_{it} + \mu_{it} \qquad (6-2)$$

其中：μ_{it} 为随机干扰项。

二、变量测量指标选取

对于城市创新能力，不同学者站在不同视角，采用不同的测量指标。部分学者认为城市创新能力的测量指标要体现全面性，因而采用多要素指标评价体系。例如，《中国区域创新能力监测报告 2016～2017》从创新环境、创新资源、企业创新、创新产出和创新效率等五个方面构建省域城市创新能力的监测指标体系，科技部战略院主编的《中国区域科技创新评价报告 2016～2017》从科技创新环境、科技活动投入、科技活动产出、高新技术产业化和科技促进经济社会发展五个方面构建省域城市科技创新能力的评价指标体系，其中的创新产出包括专利数量、科技论文数量等知识创新产出变量以及技术合同成交数量等科技成果产业化变量。李妃养等（2018）从创新投入、协同创新、创新环境与创新产出四个维度评价了广东省各地市创新能力，其中的创新产出包括专利数量和科技成果转化的指标。顾伟男和申玉铭（2018）从科技创新投入、科技创新产出和科技创新环境三方面评价了我国中心城市的科技创新能力，其中，科技创新产出包括知识创新产出和产业创新产出，知识创新产出的测量指标是万人专利授权量，产业创新产出的测量指标是高新技术产业产值占规模以上工业总产值的比重。

但是，本书认为，以上的多要素评价指标体系存在不足，主要是因为部分数据获取难度较大，使得这些指标体系多局限于对省域城市或经济发达城市群创新能力的评价，较少用于对省域城市内部子区域创新能力的评价。本书前期的数据查找经验显示，在北京市各城区创新能力的多要素评价指标体系中，部分指标的数据获取难度较大。相比之下，采用专利数量作为城市创新能力的单一要素评价指标体系虽有不足，难以全面衡量城市创新能力，但存在优点。专利是创新活动成果的直接体现和主要构成部分。从上面分析也可以看出，已有文献中的多要素评价指标体系也都将专利数量作为创新产出的一个重要要素。而且，专利数量可以比较客观地反映一个城市的科技创新能力水平和城市之间创新水平的差异，且数据来源充足准确。因此，结合数据可获得性，本书采用包含发明专利、实用新型专利及外观设计专利在内的专利授权量（件）作为测量指标，用于考察北京市各城区的创新能力。

对于自变量，由于技术合同的签订是进行科技合作的一种重要体现，因此，本书选用"技术合同成交总额"作为科技合作的具体测量指标。借鉴已有文献（周锐波等，2019），本书从研发投入的角度来考察研发活动，采用"政府科技财政支出"作为具体的测量指标。此外，本书使用"实际利用外商投资额"作为外商直接投资的具体测量指标。

综上分析，北京市各城区创新能力与知识转移的研究变量及其测量指标如表 6-1 所示。

表 6-1   研究变量及其测量指标

研究变量	代表符号	具体测量指标
各城区创新能力	IC	专利授权量（件）
科技合作	STC	技术合同成交总额（万元）
研发活动	$R\&D$	政府科技财政支出（万元）
外商直接投资	FDI	实际利用外商投资额（万美元）

三、数据来源

本文选取 2009~2017 年北京市 16 个城区的相关数据进行实证研究，数据主要来源于《北京区域统计年鉴》以及各城区政府及财政局网站。为了保证变量的规范性，对 4 个变量进行取对数处理。需要说明的是，2010 年前，技术合同成交总额由北京经济技术开发区与大兴区分别统计。2010

年，北京经济技术开发区整合至大兴区。自此以后，《北京区域统计年鉴》直接将北京经济技术开发区数据加总至大兴区数据中。因此，本书将2010年及之前各年份北京经济技术开发区技术合同成交总额加总至大兴区，以保持数据的前后一致性。

第三节　实证分析

一、北京市各城区实证分析

（一）数据平稳性检验

为确保变量序列的平稳性以及分析结果的可靠性，本书使用计量经济学软件包（econometrics views，Eviews）9.0对各研究变量的样本数据进行单位根检验，检验结果如表6-2所示。

表6-2　　　　　　　　　　单位根检验结果

变量	检验类型	p 值			结论
		LLC 方法	ADF 方法	PP 方法	
lnIC	（C，N，＊）	0	0.0015	0	平稳
lnSTC	（C，N，＊）	0	0.0003	0	平稳
ln$R\&D$	（C，N，＊）	0	0	0	平稳
D（lnFDI）	（C，N，＊）	0	0	0	平稳

注：（1）C表示个体固定效应，N表示不含截距项，＊表示Eviews9.0软件根据SIC准则自动选择的最大滞后阶数。

（2）D（＊）表示对＊变量作一阶差分处理。

由表6-2可见，四个研究变量分别经LLC方法、ADF方法、PP方法检验，各伴随概率均小于0.05的临界值水平，通过5%水平下的显著性检验，证明这四个研究变量的原始数据序列均是平稳的。

在单位根检验的基础上，本书选取卡奥（Kao）方法对各变量进行协整检验，以确定各变量之间是否存在长期的影响关系。协整检验结果如表6 – 3所示。

表6 – 3 　　　　　　　　　卡奥（Kao）协整检验结果

检验方法	t 值	P 值
Kao 检验	– 3. 84142	0. 0001

根据以上协整检验结果可知，模型检验结果的伴随概率通过1%水平下的显著性检验，说明模型中的各研究变量之间存在协整关系。

（二）各城区模型估计

在进行实证分析之前，需要先进行模型选择。面板数据估计模型有三种，即变系数模型、变截距模型和不变参数模型。变系数模型在横截面上既存在个体影响，同时还存在结构变化，因而结构参数在不同横截面单位上不同，也即随机效应模型，该模型适宜于观察自变量对各个横截面的影响。变截距模型在横截面上存在个体影响，但不存在结构变化。自变量的结构参数在不同横截面上是相同的，不同的只是截距项，个体影响可以用截距项的差别来说明，也即固定效应模型，该模型适宜于观察各个自变量对所有横截面整体的影响。不变系数模型是指在横截面上不存在个体影响和结构变化，相当于将不同时期的截面数据全部整合在一起作为样本，它与一般的回归模型无本质区别，因此不常用（孙敬水，2009）。

由城市创新能力的特点可知，前一期的城市创新能力水平必然会对本期城市创新水平提升产生一定的影响。为保证模型合理性，将被解释变量滞后一期，加入解释变量中，用 $\ln IC_{t-1}$ 表示。本书使用豪斯曼（Hausman）检验方法对随机效应模型或固定效应模型进行选择，经检验，P 值为0. 0001，如表6 – 4所示。

表 6 - 4   Hausman 检验结果

检验统计量	统计值	P 值
Chi-Sq	24. 3522	0. 0001

由表 6 - 4 可见，Hausman 检验的 P 值小于 0.1，说明在 1% 显著性水平下拒绝"个体效应与回归变量无关，选择随机效应模型"的原假设。因此，本书选择固定效应模型对各知识转移变量对北京市各城区创新能力的影响关系进行估计，并建立固定效应变截距模型。

由于 STC、$R\&D$、FDI 所携带和转移的知识均可能经研发人员一段时间的消化吸收才能对因变量产生影响作用，也即各知识转移活动带来创新产出存在一定的时滞性。因此，本书通过 AIC 和 STC 判断各自变量滞后期数。分别将 STC、$R\&D$、FDI 三个自变量滞后 1 期、2 期，进行多种试验。例如，将 SIC 与 FDI 同时滞后 1 期、将 STC 滞后 2 期且 FDI 滞后 1 期时，AIC 值分别为 0.0325、0.0997，SIC 值分别为 0.51179、0.6240（更多滞后情形在此不赘述）。经比较，当 $R\&D$ 滞后 1 期、FDI 滞后 2 期时，AIC（-0.2194）、SIC（0.3252）值最小，由此判断，此时的固定效应变截距模型为拟合程度相对最优的模型。

结合以上分析，$R\&D$ 滞后 1 期、FDI 滞后 2 期的固定效应变截距模型构建如下：

$$\ln IC_{it} = c + \alpha \ln STC_{it} + \beta \ln R\&D_{it-1} + \gamma \ln FDI_{it-2} + \eta \ln IC_{it-1} + \mu_{it}$$

$$(6 - 3)$$

为解决序列相关及异方差问题，并且利用区域及截面相关性信息，我们选择可行性广义最小二乘法（feasible generalized least square，FGLS）进行模型估计，各知识转移变量对北京市各城区创新能力影响关系的回归分析结果如表 6 - 5 所示，北京各城区截距如表 6 - 6 所示。

表 6 – 5 固定效应模型估计结果

模型变量	系数	t 统计值
lnSTC	0.1268 **	2.6406
ln$R\&D$	0.1617 ***	4.6731
lnFDI	0.0375 **	2.5357
lnIC_{t-1}	0.5864	10.4712
常数项	0.0017	0.0039
R^2	0.9945	
调整后的 R^2	0.9932	
F 统计量	757.6479 ***	
DW 统计量	2.2144	

注：* 、** 、*** 分别表示结果通过 10% 、5% 、1% 水平下的显著性检验。

从表 6 – 5 可以看出 STC 、$R\&D$ 及 FDI 与 IC 的相关系数分别为 0.1268 、0.1617 和 0.0375 ，均显著正相关，因而与前面的理论分析相一致。科技合作合同金额研发活动财政支出和外商直接投资各自每上升 1% ，将分别引致各城区城市创新能力提升 0.1268% 、0.1617% 和 0.0375% 。可见，STC 、$R\&D$ 、FDI 这 3 个变量的作用效果显著。从整体上看，对北京市各城区创新能力产生的促进作用最大的是研发活动，其次是科技合作，外商直接投资的影响较微弱。

从模型评价的角度看，R^2 和调整后的 R^2 分别为 0.9945 和 0.9932 ，F 统计量为 757.6479 ，DW 统计量为 2.2144 ，共同证明本书所选择的固定效应模型的拟合程度较好，模型建立较合理。

表 6 – 6 固定效应模型估计中各城区的截距

城区	截距	模型截距（各城区截距 + 常数项）
东城区	0.1045	0.1062
西城区	0.3395	0.3412
朝阳区	0.1959	0.1976
丰台区	– 0.2207	– 0.219

续表

城区	截距	模型截距（各城区截距 + 常数项）
石景山区	− 0.2078	− 0.2061
海淀区	0.2762	0.2779
门头沟区	− 0.2037	− 0.202
房山区	0.0047	0.0064
通州区	0.1090	0.1107
顺义区	0.5355	0.5372
昌平区	0.1841	0.1858
大兴区	0.3907	0.3924
怀柔区	− 0.2375	− 0.2358
平谷区	− 0.1566	− 0.1549
密云区	− 0.3486	− 0.3469
延庆区	− 0.5541	− 0.5524

依据表 6 - 6 中各城区的截距估计值，可得出各知识转移变量对北京市各城区创新能力影响关系的估计模型。例如，北京市东城区的估计模型为：

$$\ln IC = 0.1268\ln STC + 0.1617\ln R\&D_{t-2} + 0.0375\ln FDI_{t-1} + 0.5864\ln IC_{t-1}$$
$$+ 0.1045 + 0.0017$$
$$= 0.1268\ln STC + 0.1617\ln R\&D_{t-2} + 0.0375\ln FDI_{t-1} + 0.5864\ln IC_{t-1}$$
$$+ 0.1062 \tag{6-4}$$

各城区截距的大小通常受其自身要素禀赋和发展特征的影响，例如各城区的创新资源分布、经济发展水平、发展速度等。表 6 - 6 展示了回归分析结果中各城区有截距以及经计算得出的模型截距。16 个城区的截距依次为顺义区（0.5355）、大兴区（0.3907）、西城区（0.3395）、海淀区（0.2762）、朝阳区（0.1959）、昌平区（0.1841）、通州区（0.1090）、东城区（0.1045）、房山区（0.0047）、平谷区（− 0.1566）、门头沟区（− 0.2037）、石景山区（-0.2078）、丰台区（-0.2207）、怀柔区（-0.2375）、密云区（-0.3486）、延庆区（-0.5541）。其中顺义区截距最大，延庆区截距最小，说明在这16个城区中，顺义区非解释变量带来的城市创新能力最大，延庆区最小。这与顺义区交通便利，是大型中外企业集聚地和商品进出口集散地密切相关。非解释变量带来的城市创新能力较大的城区还有北京经济技术开发区所在的大兴区、经济政治基础较好的西城区、高校和科技研发产业聚集的海淀区、北京市重要的经济中心所在地及外事活动区的朝阳区以及高校分布较多的昌平区。平谷区、门头沟区、科研机构分布相对较少的石景山区和丰台区，非解释变量带来的城市创新能力在16个城区中不突出。主要发展方向为生态涵养的怀柔区、密云区、延庆区，非解释变量的其他因素带来的城市创新能力较小。总体而言，非解释变量因素所带来的城市创新能力体现了各城区基础创新水平，可以看出，在北京市，该基础创新水平大体上由市中心城区向郊区递减。

二、北京市各城区分区实证分析

借鉴《北京区域统计年鉴》，本书将北京16个城区分为4个功能区，分别进行实证分析。这四个功能区为：首都功能核心区（东城区、西城区）、城市功能拓展区（朝阳区、丰台区、石景山区、海淀区）、城市发展新区（房山区、通州区、顺义区、昌平区、大兴区）、生态涵养发展区（门头沟区、怀柔区、平谷区、密云区、延庆区）。本书分别对这4个城市功能区进行实证分析。

（一）分区数据平稳性检验

在实证分析之前，本书对各功能区估计模型中各研究变量的样本数据进行单位根检验。为了保证检验的科学性，使用 LLC 和 PP 两种方法进行检验，并对部分有单位根的变量进行一阶差分处理，结果如表6-7所示。

表6-7 功能区单位根检验结果

模型名称	变量	检验类型	p 值		结论
			LLC 方法	PP 方法	
首都功能核心区	lnIC	（C，N，＊）	0.0008	0.0006	平稳
	lnSTC	（C，N，＊）	0	0.0052	平稳
	ln$R\&D$	（C，T，＊）	0	0.0219	平稳
	D（lnFDI）	（N，N，＊）	0.0002	0.0014	平稳
城市功能拓展区	lnIC	（C，N，＊）	0	0	平稳
	lnSTC	（C，N，＊）	0	0	平稳
	ln$R\&D$	（C，N，＊）	0	0.0002	平稳
	D（lnFDI）	（C，N，＊）	0.0009	0.0033	平稳
城市发展新区	lnIC	（C，N，＊）	0	0.0093	平稳
	lnSTC	（C，N，＊）	0.0005	0.0111	平稳
	ln$R\&D$	（C，N，＊）	0	0	平稳
	D（lnFDI）	（C，T，＊）	0	0.0197	平稳
生态涵养发展区	lnIC	（C，N，＊）	0	0	平稳
	lnSTC	（C，N，＊）	0	0	平稳
	D（ln$R\&D$）	（N，N，＊）	0.0016	0.0288	平稳
	lnFDI	（C，N，＊）	0	0.0009	平稳

注：（1）C 表示个体固定效应，N 表示不含截距项，＊表示 Eviews9.0 软件根据 SIC 准则自动选择的最大滞后阶数。

（2）D（＊）表示对＊变量作一阶差分处理。

由表6-7可见，4个功能区的研究变量分别经 LLC 方法和 PP 方法检验，各伴随概率均小于0.05的临界值水平，通过5%水平下的显著性检验，证明这4个功能区的研究变量的原始数据序列均是平稳的。

在单位根检验的基础上，本书选取 Kao 检验方法对4个功能区模型进行协整检验，检验结果如表6-8所示。可能看出，各个功能区模型检验结果的伴随概率均通过5%水平下的显著性检验，说明各模型变量之间存在协整关系。

表 6 - 8　　　　　　　　　　功能区 Kao 协整检验结果

模型名称	检验统计量	t 值	P 值
首都功能核心区模型	ADF	- 1.856035	0.0317
城市功能拓展区模型	ADF	- 2.444507	0.0073
城市发展新区模型	ADF	- 3.99952	0
生态涵养发展区模型	ADF	- 3.927982	0

（二）城市功能区模型估计

本书通过 Hausman 检验选择进行模型估计，并通过 AIC 准则和 SIC 准则对自变量滞后阶数进行选择。

由于首都功能核心区的截面数小于变量数，无法使用随机效应模型进行估计，因而本书直接选择固定效应模型对此功能区进行估计。其他三个功能区经 Hausman 检验，结果如表 6 - 9 所示。可以看出，这 3 个城市功能区估计模型的 P 值均小于 0.01，在 1% 的显著性水平下拒绝原假设，因而选择固定效应模型进行估计。

表 6 - 9　　　　　　　　　功能区 Hausman 检验结果

模型名称	检验统计量	统计值	P 值
城市功能拓展区模型	Chi-Sq	221.948156	0
城市发展新区模型	Chi-Sq	57.144856	0
生态涵养发展区模型	Chi-Sq	27.766173	0

同时，遵循 AIC 准则与 SIC 准则，模型估计适合将首都功能核心区中 STC 和 FDI 滞后 2 期，$R\&D$ 滞后 1 期；城市功能拓展区模型中 STC 滞后 2 期，$R\&D$ 与 FDI 滞后 1 期；城市发展新区模型中 FDI 滞后 1 期；生态涵养发展区模型中 $R\&D$ 与 FDI 滞后 1 期。

基于前面分析，选用最小二乘法（least squares，LS）对 4 个功能区的模型进行估计，回归分析结果和对应城区的截距如表6-10所示。

表6-10　　　　　　　　功能区固定效应变截距模型估计结果

模型变量	首都功能核心区	城市功能拓展区	城市发展新区	生态涵养发展区
lnSTC	0.761779 ** (3.325460)	0.451931 *** (7.465491)	0.483483 *** (4.806357)	0.634839 *** (6.825878)
ln$R\&D$	-1.570656 ** (-2.458216)	0.158689 ** (2.544405)	0.400275 *** (3.846327)	-0.222834 (-1.476877)
lnFDI	-0.130510 (-0.186025)	-0.060358 (-1.00121)	0.046552 (0.787425)	0.121161 ** (2.499172)
常数项	13.61338 ** (2.872689)	0.474988 (0.445506)	-1.917555 (-1.465989)	-1.468832 (-1.50532)
R^2	0.749280	0.983982	0.92191	0.907694
调整后R^2	0.606011	0.979405	0.899134	0.878323
F统计量	5.229885 **	215.0024 ***	40.47709 ***	30.90521 ***
各城区截距	东城区 -1.045610	丰台区 -0.730196	通州区 -0.603277	延庆区 -1.024357
	西城区 1.045610	石景山区 -0.343765	昌平区 -0.130603	怀柔区 -0.652103
	/	海淀区 0.536922	房山区 -0.066224	密云区 0.265837
	/	朝阳区 0.537038	大兴区 0.250633	门头沟区 0.511664
	/	/	顺义区 0.661054	平谷区 0.589082

注：（1）*、**、***分别表示结果通过10%、5%、1%水平下的显著性检验。
（2）括号中为相应的T统计量。

从首都功能核心区的模型估计结果可以看出，科技合作对该功能区整体创新能力的影响系数为0.76且显著，说明科技合作每提升1%，促进该功能区整体创新能力提升0.76%。研发活动的参数为-1.57且显著，这支持了张树静和张秀峰（2018）的观点，即首都功能核心区的研发活动对创新能力提升无促进作用，因而政府需适当完善对科研机构的评价周期，以便更好地将研发活动转化成创新成果。外商直接投资对首都功能核心区整体创新能力的提升无显著的影响。这些结果与首都功能核心区强化全国政治中心、文化中心和中外交往中心功能密切相关。从首都功能核心区中两城区截距来看，西城区（1.05）非自变量的其他因素对城市创新能力的影响大于东城区（-1.05）。由常数项（13.61，且显著）可知，除自变量外的其他因素对该功能区创新能力的影响很大。

在城市功能拓展区的模型估计中，科技合作（0.45）和研发活动（0.16）对城市创新能力都有着显著的积极影响，科技合作每提升1%，会引致城市创新能力提升0.45%。研发活动每提升1%，会引致城市创新能力提升0.16%。但是，外商直接投资的影响不显著。从城市功能拓展区各城区的截距看，海淀区（0.54）和朝阳区（0.54）的截距均为正、且较大，说明这两个城区除自变量外的要素禀赋和发展状况对功能区整体创新能力的影响较大，这与这两个城区经济实力较强、科技、教育发展程度较高的实际情况相符合。丰台区（-0.73）和石景山区（-0.34）的截距均为负，说明这两个城区的要素禀赋在一定程度上削弱3个自变量对该功能区整体创新能力的作用。从模型截距（0.47，且不显著）可以得出，城市功能拓展区非自变量的其他因素对整体创新能力提升的促进作用较小。

在城市发展新区的模型估计中，科技合作（0.48）以及研发活动（0.40）对城市创新能力的影响均是显著的、正向的。其中，科技合作每提升1%，会促进该功能区整体创新能力提升0.48%。研发活动每提升1%，会促进该功能区整体创新能力提升0.40%。但是，外商直接投资对该功能区整体创新能力的影响不显著。从该功能区内各城区截距看，顺义区（0.66）的非自变量因素对功能区整体创新能力的影响较大，主要的原因可能是得益于空港工业区与空港带来的经济与社会效益。大兴区（0.25）的非自变量因素对城市发展新区整体创新能力的提升程度处在中间水平，大兴区主要创新活动集中于经济技术开发区，此外其他城区的经营活动以农业或批发零售业为主（如大兴区西红门地区的新发地市场），创新需求不大。昌平区（−0.13）和房山区（−0.07）的非自变量因素对城市发展新区整体创新能力的提升程度较小，虽然这两个城区都聚集着北京各高校的分校，但大学城的占比都较小，除大学城外的其他区域的经济与社会发展活动对技术创新能力的提升作用较为有限。发展方向为城市副中心的通州区（−0.60）的非自变量因素对城市发展新区整体创新能力提升的影响最小。模型常数项（−1.92）的数值为负、较小且不显著，这说明，从整体上看，城市发展新区非自变量的其他因素对整体创新能力提升的影响较小。

从生态涵养发展区的模型估计结果可以看出，科技合作（0.63）与外商直接投资（0.12）都对该功能区整体创新能力产生显著的正向影响，其中外商直接投资的参数相对较小，说明其对该功能区整体创新能力的促进作用尚有提升空间。但是，研发活动对该功能区整体创新能力的影响不显著。一个主要的原因是，生态涵养发展的核心功能是培育和保护生态环境，而非科技研发。从该功能区各城区截距看，各城区的要素禀赋和发展情况的影响程度有所不同，平谷区（0.59）非自变量因素带来的创新能力最大，其次是门头沟区（0.51）和密云区（0.27），怀柔区（−0.65）和延庆区（−1.02）最小。这说明，相比于其他几个城区，怀柔区和延庆区目前的创新基础条件还比较有限，创新能力还有待提升。还有，模型估计的常数项（−1.47）数值较小，且不显著，说明该功能区非自变量因素对整体创新能力的提升较小。

此外，从模型评价的结果看，4 个功能区模型估计得到的 R^2、调整后的 R^2、F 统计量等数据均证明，这 4 个功能区的固定效应模型的拟合程度较好。

通过横向对比功能区模型中各解释变量的影响程度可知，科技合作对 4 个城市功能区创新能力均产生显著的正向影响，对首都功能核心区和生态涵养发展区的影响明显较强。研发活动对城市功能拓展区和城市发展新区的整体创新能力均产生显著的正向影响，对后者的的促进作用明显更大。外商直接投资对生态涵养发展区城市创新能力提升产生显著的促进作用，对另外 3 个功能区的影响都不显著。也就是说，虽然首都功能核心区、城市功能拓展区、城市发展新区创新基础条件较好，但外商直接投资额的变动对这些区域所带来的创新发展影响程度并不大。相反，虽然生态涵养发展区的创新基础较弱，但其发展空间较大，政策环境更宽松，外商直接投资对该区域创新能力促进作用更大。另外，土地价格上涨导致的成本上升也是影响外商直接投资偏好的一个重要原因。此处的实证结论还支持了朱文涛（2018）关于土地价格与外商直接投资流入量呈倒 U 型的观点，即土地价格上升到一定程度时，外商直接投资流入量会由递增转向递减。当前北京土地价格已上涨至较高水平，且总体由中心向远郊城区递减，因此跨国公司在对北京地区进行投资区位选择时，更可能选择远郊城区。

对比 4 个功能区模型的常数项可知，首都功能核心区自身发展等其他非自变量条件带来的创新能力最高，远大于其他功能区，城市功能拓展区非自变量带来的创新能力尚可，城市发展新区和生态涵养发展区非自变量因素对创新能力的提升较小。可以看出，城区自身要素禀赋、发展条件和创新基础带来的功能区创新能力由北京市中心向外围逐渐减弱。这与北京市中心城区科技创新基础良好的历史积累、近年来非首都功能疏解进程的推进密切相关。

此外，本书对比 4 个功能区模型估计结果与前面 16 个城区总体模型的回归结果可知，科技合作对各城市功能区创新能力的影响作用与对 16 个城区总体影响作用相符，均是显著的正向影响。研发活动对 3 个功能区创新能力产生显著的正向影响，对 1 个功能区的影响不显著，综合这 4 个回归系数的影响作用与总体模型回归结果基本一致。外商直接投资对 1 个功能区创新能力产生显著的正向影响，对其他 3 个功能区的影响都不显著，综合这 4 个回归系数的影响作用与总体模型回归结果基本一致。

第七章 京津冀城市群知识转移的交互演化以及对协同创新的作用机理[①]

CHAPTER 7

随着城市创新系统知识转移活动开展的不断深入，该活动通过促进城市区域内外各种知识资源的流动而成为实现城市创新、平衡城市间发展的重要途径，其中城市区域内知识转移与城市区域间知识转移的交互演化、相互促进的现象越来越明显。当前京津冀地区发展进程中的城市区域内知识转移与城市区域间知识转移的交互演化是一个典型例子。由于北京与天津、河北等周边地区的经济发展不平衡现象明显，北京对河北人才及其他资源的虹吸效应明显，导致北京高新技术知识资源集聚、产能过剩，与周边城市存在明显的知识能力分布不平衡现象。这使得京津冀城市群"大城市，大农村"现象突出，三地持续发展严重受阻。因此，国家高度重视京津冀协同发展与创新，并将其列为我国落实区域协调发展战略的一项重大工程，各级政府和相关部门不断采取措施推进三地协同创新与社会经济发展，促进技术、知识、人力资源等创新要素在三地之间流动。协同创新的

---

① 赵大丽，江媛，张铁山. 京津冀行政区域内与行政区域间知识转移的交互机制研究［J］. 北方工业大学学报，2018，30（04）：1-7.

本质是北京、天津、河北各城市区域内的企业、高校、科研院所、中介服务机构、政府等创新主体进行跨越行政边界合作、基于知识的价值创造活动，其中，各创新主体间的知识转移与共享是最为关键的环节。因此，本书以京津冀城市群为例，深入分析城市区域内知识转移与城市区域间知识转移的交互演化关系以及对三个城市区域协同创新的作用机理，为探索缩小城市区域间发展不平衡，谋求城市之间的协同创新和共同持续发展，以及打造京津冀世界级城市群的管理策略奠定基础。

第一节　京津冀城市区域内与城市区域间知识转移的概念

一、京津冀城市区域内知识转移

如前所述，知识转移是指两个主体（如个人、团队、部门、公司）在一定的环境下采用一定的机制，转移知识并取得相应的效果，转移的效果反过来会对两个主体产生影响（左美云等，2010）。在京津冀创新系统中，受业务和创新目标驱动，企业、高校、科研院所、中介服务机构等创新主体构成合作创新网络，彼此之间都有可能发生联系，直接或间接进行基于知识的合作，如科技合作、技术购买、技术引进等，因而会发生知识转移。其中，所转移的知识涉及各种各样的显性知识和隐性知识，前者如方法、模型、流程、规则、文件等，后者如技术、技巧、经验、信念、能力、专家见识等。京津冀城市区域内企业、高校、科研院所、中介机构等创新主体之间的知识转移，如图 7 – 1 中的三个平行四边形内部。这一知识转移活动的有效开展，依托于政府、金融机构、技术平台、共享文化等创新环境的支持。由于市场在不断发展，不断衍生出新的知识需求，从而不

断地推动各创新主体在创新环境的作用下开展知识转移活动。因此，城市区域内企业、高校、科研院所和中介服务机构等创新主体之间的知识转移过程是循环往复的，推动着城市创新的持续开展，使城市创新能力不断得到培育和提升。

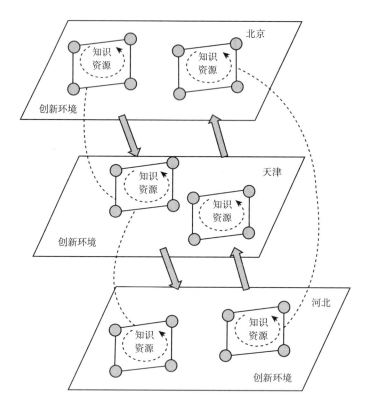

图7-1 京津冀城市区域内与城市区域间的知识转移过程

　　注：图中的实体圆圈代表各创新主体，虚线曲线箭头代表知识资源在创新主体之间转移，实体直线代表创新主体之间基于知识的联系，实体柱状箭头与虚线曲线共同代表知识资源在京津冀城市区域之间转移。

二、京津冀城市区域间知识转移

　　京津冀协同创新就是一个典型的跨越行政区域的城市群创新系统。北京、天津、河北在合作过程中各占优势，北京服务业发展较好，经济和科技研发水平高；天津制造业优势突出；河北的钢材等原材料产业基础雄厚，因而互补性较强。相对而言，北京的知识基础良好，尤其是在高新技术方面，拥有天津和河北所没有的优势知识，这就形成了京、津、冀之间的知识势差。受此驱动，北京（知识源）就向天津和河北（知识受体）转移和传递有用的高新技术知识，天津和河北对所获取的知识进行消化吸收，并与各自区域原有的知识结合，创造出新的知识。当然，在合作发展过程中，当某种技术或知识为天津和河北所特有而北京不具有时，也会出现从天津、河北到北京的知识转移。京津冀城市区域间的知识转移过程如图 7-1 所示。

第二节　京津冀城市区域内与城市区域间知识
转移的交互演化关系

一、共生理论的适用性

为促进京津冀协同创新，需要在推动京津冀各城市区域内知识转移有效开展的同时，促进城市区域之间知识转移的顺畅开展。一方面，城市区域之间的知识转移能够给作为知识受体的城市带来有用的新知识，能够增强该城市创新主体的知识吸收能力和应用创新能力，能够增加该城市的知识存量。在此基础上，这些创新主体在城市区域间转移知识给其他创新主体，进而促使该城市区域内的知识转移向更高层次推进。另一方面，京津冀城市之间的知识转移有助于提升作为知识源的城市创新主体的转移能力，其他城市的知识需求也可能给该城市的创新主体带来创新灵感，进而促使其创造新知识，这些新知识又在城市区域内得到转移和扩散。综合这两方面还可推断，更高层次的知识受体城市和知识源城市各自内部的知识转移又能够为这两个城市区域间知识转移的高效运行奠定了更坚实的基础。

另外，在协同创新背景下京津冀城市区域内知识转移与城市区域间知识转移，都是为了促进该城市群知识资源的充分利用、探索和创新，进而提升各城市的创新能力和社会经济发展水平。这两种知识转移活动需要相互推进，才能实现互补效应和共同推进京津冀协同发展。从这一角度看，京津冀城市区域内知识转移与城市区域间知识转移也存在明显的共生关系。

综上分析可知，京津冀各城市区域内知识转移与城市区域间知识转移共同存在，具有互补效应，相互适应和演进，体现出明显的共生关系，因而可用共生理论进行解释。其中，城市区域内知识转移与城市区域间知识转移是共生单元，这两种知识转移活动之间的交互作用与演化关系是共生模式，这两种知识转移活动所赖以开展的京津冀协同创新大背景和政治、经济、文化等所有因素是共生环境。

二、城市区域内知识转移与城市区域间知识转移的交互演化关系

根据生物共生进化论，在京津冀协同创新发展的不同阶段，城市区域内知识转移与城市区域间知识转移之间的交互共生关系可有三种情况：一是寄生型交互关系，即京津冀城市区域间知识转移对城市区域内知识转移的寄生关系；二是合作型交互关系，即这两种知识转移活动相互合作，在协同创新目标引导下持续开展和演进；三是依存型交互关系，即这两种知识转移活动相互依赖，无法分开独立开展。本书借鉴捕食者－猎物（Lotka-Volterra）演化动力学模型，对这三种交互共生关系进行分析。

（一）寄生型交互关系

长期以来，京津冀三个省市各自独立发展，北京和天津分别作为全国政治中心和直辖市，经济发展"一路高歌"，尤其是北京，积累了大量的高新技术知识，内部合作创新、知识交流与技术转移的现象活跃。自20世纪80年代提出京津冀协同发展的构想以来，三地尝试过多种旨在促进城市区域间知识转移的交流协调机制，如京津冀协同发展论坛、京津冀城市群合作高端会议、京津冀工作联席制度等。在此阶段，主导开展的是城市区域内知识转移，它是京津冀各城市区域进行创新的常态，而且已为各城市区域创新系统积累了一定的知识存量。而城市区域间知识转移只起辅助作用，开展得较少。因此，在寄生型交互共生关系中，京津冀各城市区域内知识转移扮演"寄主"的角色，城市区域间知识转移扮演"寄生"的角色。

假定 Q_1 和 Q_2 分别是京津冀各城市区域内知识转移和城市区域间知识转移在 t 时刻带来的知识产出水平，r_1 和 r_2 分别是这两种知识转移活动带来的知识产出水平的固有增长率，W_1 和 W_2 分别是这两种知识转移活动在创新环境支持作用以及市场需求推动作用下带来的最大知识产出水平，u_{12} 和 u_{21} 是这两种知识转移活动之间的交互共生关系，其中 u_{12} 指京津冀各城市区域内知识转移推动城市区域间知识转移有效开展的程度，u_{21} 指城市区域间知识转移推动城市区域内知识转移有效开展的程度。

Lotka-Volterra 模型是逻辑斯蒂（Logistic）模型的延伸，二者可结合起来用于参数估计（李兴莉等，2004）。Logistic 模型的核心思想是，在一定的生态系统环境中，单个物种的增长存在一个上限，当增长至趋于上限时，增长率就逐渐减小。根据这一思想，本书将城市区域内知识转移类比为一个物种，结合上述假设，构建其知识产出水平的 Logistic 模型如下：

$$\frac{dQ_1}{dt} = r_1 Q_1 \left(1 - \frac{Q_1}{W_1}\right) \tag{7-1}$$

其中：$\frac{Q_1}{W_1}$ 反映了城市区域内知识转移带来的知识产出水平饱和度，对知识产

出水平的固有增长率 r_1 具有阻滞作用，$1 - \frac{Q_1}{W_1}$ 为尚可提升的知识产出水平。

但是，生态系统中的每一个物种都与其他物种存在各种各样的关系，如寄生、互利、竞争等。对此，美国生态学家洛特卡（Lotka）和意大利数学家沃尔泰拉（Volterra）分别于 1925 年和 1926 年提出了两个或两个以上物种之间关系的捕食—被食系统模型和竞争系统模型，奥德姆（Odum）于 1971 年将这两种模型整合，应用到互惠系统，即形成了人们所谓的 Lotka-Volterra 模型（李兴莉等，2004）。也就是说，一个物种的生长会受其他物种的影响。以此类比，在本书中，京津冀各城市区域内知识转移所带来的知识产出水平的增长会受到城市区域间知识转移的影响，根据 Lotka-Volterra 模型，此时城市区域内知识转移的知识产出水平演化模型为：

$$\frac{dQ_1}{dt} = r_1 Q_1 \left(1 - \frac{Q_1}{W_1} + \frac{u_{21} Q_2}{W_2}\right) \tag{7-2}$$

同理，可构建受城市区域内知识转移影响的京津冀城市区域间知识转移的知识产出水平演化模型。

因此，在寄生型共生关系中，京津冀城市区域间知识转移依附于城市区域内知识转移而开展的交互共生关系模型如下：

$$\begin{cases} \dfrac{dQ_1}{dt} = r_1 Q_1 \left(1 - \dfrac{Q_1}{W_1} + \dfrac{u_{21} Q_2}{W_2}\right) \\ \dfrac{dQ_2}{dt} = r_2 Q_2 \left(-1 - \dfrac{Q_2}{W_2} + \dfrac{u_{12} Q_1}{W_1}\right) \end{cases} \tag{7-3}$$

如表 7 - 1 所示，两种知识转移活动寄生型交互关系模型的平衡点及稳定条件如下：

（1）当 $u_{12} < 1$，且 $u_{12}u_{21} < 1$ 时，寄生型共生关系的稳定平衡点为 $E_1(W_1, 0)$。此时，京津冀各城市区域内知识转移的开展处于主导位置，对城市区域间知识转移有效开展的推动作用较小，导致后者无法持续开展，而是处于间歇状态。这一方面是由京津冀长期的行政区划阻隔所导致的，另一方面是由于城市区域内知识转移具有其独特优势。城市区域内的知识源与知识受体所处的地理位置相对较近，且价值观和信仰等文化因素也较为接近，这为二者开展知识转移活动提供了便利，也使二者进行沟通交流的直接或间接成本相对较低，为创新主体节约了大量的资金。因此，城市区域内的知识源与知识受体往往会优先选择与本市内的其他创新主体进行合作，以期"高性价比"地实现知识转移。

（2）当 $u_{12} > 1$，$u_{21} < 1$，且 $u_{12}u_{21} < 1$ 时，稳定平衡点为 $E_2\left(\dfrac{W_1(1-u_{21})}{1-u_{12}u_{21}},\right.$ $\left.\dfrac{W_2(1-u_{12})}{1-u_{12}u_{21}}\right)$。此时，京津冀各城市区域内知识转移对推动城市区域间知识转移有效开展的作用程度较大，而城市区域间知识转移对城市区域内知识转移有效开展的推动作用较小，并且，由 $\dfrac{W_1(1-u_{21})}{1-u_{12}u_{21}} > W_1$ 和 $\dfrac{W_2(1-u_{12})}{1-u_{12}u_{21}} > W_2$ 可知，两种知识转移活动处在合理的交互共生范围内，这为两种知识转移活动之间的和谐交互与协同演化发展提供了良好条件和无限潜能。

（3）$E_3(0, 0)$ 是不稳定点。京津冀在 20 世纪就尝试过多种城市区域间知识转移机制以促进协同创新发展，只要在初始阶段建立起城市区域内知识转移与城市区域间知识转移之间的交互关系，这两种知识转移活动就不会都"消亡"，而是通过一定的方式开展下去。

表7-1 寄生型交互共生关系模型的平衡点及稳定条件

平衡点	稳定条件
$E_1(W_1, 0)$	$u_{12} < 1, u_{12}u_{21} < 1$
$E_2\left(\dfrac{W_1(1-u_{21})}{1-u_{12}u_{21}}, \dfrac{W_2(1-u_{12})}{1-u_{12}u_{21}}\right)$	$u_{12} > 1, u_{21} < 1, u_{12}u_{21} < 1$
$E_3(0, 0)$	不稳定

(二)合作型交互关系

随着京津冀协同创新不断推进,以及城市区域内知识转移与城市区域间知识转移的开展和交互作用逐步深入,省域城市进行合作的知识溢出效应越来越明显,城市区域间知识转移对各城市区域内部知识转移的促进作用越来越大。例如,随着雄安新区设立,北京的高校、科研机构将大量搬适至雄安新区,优质高端高新技术企业入驻河北雄安新区。在雄安新区启动发展之后,北京科技资源和最新创新成果将大量"涌进"雄安,满足雄安发展高端高新产业的技术需求,促进雄安新区科技、管理等方面的创新。此时,北京与河北雄安之间的知识转移变得很重要,即京津冀各城市区域内知识转移与城市区域间知识转移各自优势的互补性变得越来越明显。城市区域间知识转移能够为城市创新系统带来全新的知识源泉与技术模式,不同的文化融合下更有可能碰撞出新的知识"火花"。各创新主体在城市区域内进行知识转移后,其创新能力的提升能为更高效地与其他区域的合作伙伴进行交流和知识转移奠定基础。因此,在这一阶段,京津冀城市区域间知识转移对城市区域内知识转移的共生地位,由原来的"寄生"角色演化为"合作伙伴",彼此的合作型交互共生关系模型如下:

$$\begin{cases} \dfrac{\mathrm{d}Q_1}{\mathrm{d}t} = r_1 Q_1 \left(1 - \dfrac{Q_1}{W_1} + \dfrac{u_{21}Q_2}{W_2}\right) \\ \dfrac{\mathrm{d}Q_2}{\mathrm{d}t} = r_2 Q_2 \left(1 - \dfrac{Q_2}{W_2} + \dfrac{u_{12}Q_1}{W_1}\right) \end{cases} \quad (7-4)$$

如表7-2所示，两种知识转移活动合作型交互共生关系模型的平衡点及稳定条件如下：

（1）当 $u_{12} < 1$，$u_{21} < 1$，且 $u_{12}u_{21} < 1$ 时，合作型共生关系具有唯一稳定平衡点，为 $E_3\left(\dfrac{W_1(1 + u_{21})}{1 - u_{12}u_{21}}, \dfrac{W_2(1 + u_{12})}{1 - u_{12}u_{21}}\right)$。此时，京津冀各城市区域内知识转移与城市区域间知识转移能够互相合作、互为推动，对彼此的促进作用较为接近且稳定，彼此的"合作租"较大，且有利于共同促进该城市群知识资源的流动、利用和创新，也有助于提高各城市区域内部的知识产出水平。而且，$\dfrac{W_1(1 + u_{21})}{1 - u_{12}u_{21}} > W_1$，$\dfrac{W_2(1 + u_{12})}{1 - u_{12}u_{21}} > W_2$。这说明，合作型交互作用下的京津冀各城市区域内知识转移与城市区域间知识转移所带来的知识产出水平，明显高于合作之前各自独立开展所能带来的最大知识产出水平。此时，两种知识转移活动实现了"共赢"。

（2）$E_1(W_1, 0)$，$E_2(0, W_2)$ 和 $E_4(0, 0)$ 都是不稳定点，即在合作型交互阶段，京津冀各城市区域内知识转移与城市区域间知识转移不会出现一方"消亡"甚至两方都"消亡"的情形，而是通过一定的方式开展下去。

表7-2 合作型交互共生关系模型的平衡点及稳定条件

平衡点	稳定条件
$E_1(W_1, 0)$	不稳定
$E_2(0, W_2)$	不稳定
$E_3\left(\dfrac{W_1(1 + u_{21})}{1 - u_{12}u_{21}}, \dfrac{W_2(1 + u_{12})}{1 - u_{12}u_{21}}\right)$	$u_{12} < 1, u_{21} < 1, u_{12}u_{21} < 1$
$E_4(0, 0)$	不稳定

（三）依存型交互关系

随着京津冀城市区域间知识转移与城市区域内知识转移的合作型交互

作用的进一步加深，这两种知识转移活动各自的优势更为明显，彼此之间的优势互补显得更为重要。对于具有高知识势能的城市区域，其内部知识转移能够通过积累和提升知识存量而持续为城市区域间知识转移提供知识资源；对于具有低知识势能的城市区域，其内部知识转移能够通过提高科研人员和技术人员的消化吸收能力，增强城市区域间知识转移的效果。而城市区域间知识转移能够促使具有高知识势能的城市区域的创新主体涌现出新灵感，加强该城市内部合作和知识转移，进而创造出更多的新知识；也能够为具有低知识势能的城市区域带来"新鲜血液"，使该城市区域内的科研、技术人员接触先进知识，促进内部合作和知识转移，使这些人员的知识思维与创造能力得到启发甚至焕然一新，进而提高城市创新水平。京津冀城市区域间知识转移与城市区域内知识转移的这种互补性对于提升各城市区域创新能力和整个城市群协同创新能力都具有长期的促进作用。

北京与河北雄安之间的知识转移与北京、河北雄安各自内部知识转移的深度交互关系将是一个典型例子。通过城市区域间知识转移，北京大量的科技资源将流入雄安，将增加雄安新区的知识存量，使雄安新区的科研、技术人员有机会接触先进知识，因而有助于驱动更高水平的雄安新区内部合作与知识转移。在城市创新系统中，当知识势能低的创新主体的知识势能积累到一定程度，会克服各种障碍，反哺系统外部的创新主体，向其进行逆向知识转移（肖艳红等，2017）。同样地，雄安新区通过内部合作与知识转移积累知识存量和创造出新知识，当知识势能提升到一定程度、具备反哺北京的能力时，其知识资源就会流向北京，即会出现从雄安新区到北京的逆向知识转移。北京与河北雄安之间的知识转移会促进雄安新区内部知识转移，同时，后者也会反过来促进前者。此时，一方知识转移活动的有效开展需以另一方的有效开展为基础，二者相互依赖，循环往复，而独立开展均难以取得卓越成效。这种彼此依赖的交互关系对于实现雄安新区发展高端高新产业和培育新动能的长远目标和促进京津冀协同发展起到至关重要的作用。

在此阶段,京津冀城市区域间知识转移与城市区域内知识转移由合作型交互共生关系转化为依存型交互共生关系,二者互相依赖,互相推动,循环往复,独立开展均难以实现各城市区域持续的创新与增值。此阶段的依存型交互关系模型如下:

$$
\begin{cases}
\dfrac{\mathrm{d}Q_1}{\mathrm{d}t} = r_1 Q_1 \left(-1 - \dfrac{Q_1}{W_1} + \dfrac{u_{21}Q_2}{W_2} \right) \\
\dfrac{\mathrm{d}Q_2}{\mathrm{d}t} = r_2 Q_2 \left(-1 - \dfrac{Q_2}{W_2} + \dfrac{u_{12}Q_1}{W_1} \right)
\end{cases}
\quad (7-5)
$$

如表 7-3 所示,京津冀各城市区域内知识转移与城市区域间知识转移的依存型交互关系模型的平衡点及稳定条件如下:$E_1(0,0)$ 是一个稳定平衡点。这说明,京津冀各城市区域内知识转移与城市区域间知识转移之间过度的相互依赖关系导致二者均逐渐走向衰亡。为避免这种现象的发生,应在京津冀各城市区域内知识转移和城市区域间知识转移建立起二者和谐、适度的依存关系,追求"非零"稳定点 $E_2 \left(\dfrac{W_1(1+u_{21})}{u_{12}u_{21}-1}, \right.$ $\left. \dfrac{W_2(1+u_{12})}{u_{12}u_{21}-1} \right)$。此种交互关系有助于进一步发挥两种知识转移活动的知识产出效用,促进彼此之间的交互共生关系长期有效发展,合力促进京津冀各城市创新以及三地城市协同创新。

表 7-3　依存型交互共生关系模型的平衡点及稳定条件

平衡点	稳定条件
$E_1(0,0)$	稳定
$E_2 \left(\dfrac{W_1(1+u_{21})}{u_{12}u_{21}-1}, \dfrac{W_2(1+u_{12})}{u_{12}u_{21}-1} \right)$	$u_{12}u_{21} < 1$

第三节　京津冀城市区域内与城市区域间知识
转移对协同创新的作用机理

　　京津冀城市区域内知识转移与城市区域间知识转移之间的交互演化是一个长期的过程，与该城市群各要素的协同相互作用，不断推动着该城市群各项协同创新活动的开展，最终实现城市群整体增值，而这一过程受到外部环境因素的驱动，如图7-2所示。

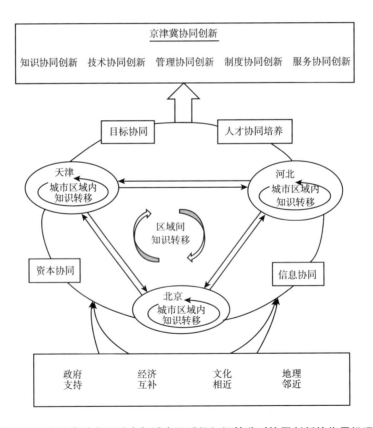

图7-2　京津冀城市区域内与城市区域间知识转移对协同创新的作用机理

在城市产学研协同创新系统中，知识创造与整合活动与资本、信息、目标和人才培养等协同作用，共同促进协同创新产出（冯云廷和张娜，2018）。借鉴这一研究，本书认为，在京津冀城市群中，城市区域内知识转移与城市区域间知识转移的交互演化与城市群的资本协同、信息协同、目标协同和人才协同培养等相互作用，共同推动三地协同创新。这是京津冀城市区域内知识转移与城市区域间知识转移之间的交互演化作用于该地区协同创新的关键环节。而这种相互作用通过作用于京津冀各项协同创新活动，进而促进京津冀整体协同创新。具体而言，借鉴赵黎明和李振华（2003）的研究，从创新对象看，京津冀协同创新包括知识、技术、管理、制度和服务五个方面的协同创新活动。其中，知识协同创新是京津冀三地通过科学研究实现基础科技知识的协同创新。在知识协同创新的基础上，京津冀三地进一步对技术知识的生产、应用和扩散等进行协同创新，即开展技术层面的协同创新。管理协同创新是指通过管理细维与模式的调整与协同，例如，京津冀三地于 2018 年 4 月共同发布"人力资源服务京津冀区域协同地方标准"①，积极推动三地人力资源服务的协同，目的是促进京津冀三地城市创新组织的运行效率，进而提升创新主体的创新能力。制度协同创新主要是政府为京津冀三地协同创新活动而提供的政策、法律法规等方面的保障，国家将京津冀协同发展作为一个重要大战略，即是京津冀协同创新的强有力的制度保障，是制度协同创新的典型例子。服务协同创新是指京津冀协同创新活动的协调、联系等提供物质载体和相关服务。京津冀各城市区域内知识转移与城市区域间知识转移之间的交互演化与要素协同的相互作用通过作用于上述五项协同创新活动，促进该城市群整体协同创新与增值。

---

① 京津冀率先发布人力资源服务区域协同地方标准［EB/OL］. http：//bj. people. com. cn/n2/2018/0424/c233088 – 31500160. html.

京津冀城市区域内知识转移与城市区域间知识转移的交互演化与各协同要素的相互作用，及其对该城市群协同创新的推动作用，离不开环境因素的驱动和支持。刘承良等（2018）经实证研究认为，我国城市间技术转移强度受到城市经济发展水平、政策支持以及地理、技术、社会、产业的邻近性等因素的影响。梁琦等（2019）基于长三角25个城市的实证研究发现，城市经济规模差异、地理邻近与制度邻近作用都是影响城市知识交流合作的重要因素，其中地理距离产生明显的阻碍作用。张翼鸥等（2019）基于专利转移数据的实证研究结果表明，对我国城市间技术知识转移和产学研合作创新产生正向影响的空间邻近性包括地理邻近、技术邻近、社会邻近三方面因素。叶一军等（2014）认为，跨行政区域创新系统中创新主体间知识流动的动因有地理邻近性、区域经济发展互补性、区域文化一致性以及区域政府的鼓励和支持。借鉴这些研究，结合京津冀协同创新发展实践，本书认为京津冀城市区域内知识转移与城市区域间知识转移的交互演化与各协同要素的相互作用及其对该城市群协同创新的推动作用的驱动力包括政治、经济、文化、地理位置四方面的因素，即政府支持、经济互补、文化相近和地理邻近。

第一，政府支持。国家和地方政府的推动和支持是京津冀各城市区域内知识转移与城市区域间知识转移交互演化的最大驱动力。鉴于长期存在明显的京津冀行政区划阻隔和经济发展严重不平衡的现象，习近平总书记提出，北京、天津、河北都要纳入京津冀和环渤海经济区的战略空间，北京要素资源才能在更大范围内得到激活和流动，带动天津、河北实现更好地发展。国家和三地政府通过制定和落实一系列政策，如设立雄安新区、签署《京津冀协同创新发展战略研究和基础研究合作框架协议》等，大力推进北京、天津、河北三地协同创新与发展。这时，政府成为京津冀协同创新体系构建的重要参加者，推动创新要素尤其是科技知识资源在各城市区域内外流动，加强三地之间创新主体的合作交流与知识转移。京津冀城市区域内知识转移与城市区域间知识转移交互演化所经历的寄生型、合作型和依存型三个阶段，与天津、河北（尤其是雄安新区）由短期的承接北京非首都功能逐渐过渡到长期的发展高端高新产业和培育新动能的政治定位密切相关。

第二，经济互补。各城市经济发展的差异性和互补性是京津冀各城市区域内知识转移与城市区域间知识转移交互演化的重要推动力。北京虽然拥有丰富的科技资源和高级的产业结构，但发展极化现象凸显，河北虽然拥有大量的矿产资源和发展空间，但人才资源外流，发展裹足不前。因此，京津冀各城市区域经济发展之间具有很强的差异性和互补性。它们既可弱化行政区划的阻隔，同时还通过产业发展中的分工与协作作用于城市内外的知识转移（叶一军等，2014）。分工体现了产业发展中创新主体的知识专业性，协作体现了专业知识在各创新主体之间的转移。因此，京津冀各城市区域经济发展的差异导致知识势差的存在，互补性进一步驱动知识由高势能城市区域向低势能城市区域流动，进而促进优势知识在城市区域内外转移。

第三，文化相近。城市区域间的文化相近性是京津冀城市区域内知识转移与城市区域间知识转移交互演化的重要软助力。京津冀三地因地理位置紧邻彼此，交流语言、风俗习惯等较为一致，加上大量人才在河北与北京、天津之间的流动，长期以来形成了比较相近的社会价值观和认同感。这些文化因素有助于打破行政区划阻隔，降低知识转移的交易成本，进而促进知识在京津冀各城市区域内外转移。

第四，地理邻近。地理邻近性为京津冀各城市区域内外部的企业、高校、科研院所、中介机构等创新主体之间的合作与沟通提供了便利，也缩短了彼此之间的空间距离，这有利于减少交易成本和提高知识流动效率。有研究显示，与较远地区相比，一个地区或国家从较近地区转移和利用知识的频率更高（Jaffe et al.，1993）。并且，地理邻近更有利于人才资源流动、高新技术模仿创新等，进而更容易产生知识溢出效应（Almeida and Kogut，1999）。因此，地理邻近性有助于促进京津冀城市区域内知识转移与城市区域间知识转移，以及促进二者的交互作用。

第八章　研究结论与管理启示

CHAPTER 8

第一节　研究结论

鉴于知识和知识转移对于城市创新的重要性，本书在区域发展理论、创新理论和知识管理理论以及城市创新和知识转移相关研究的基础上，采用文献研究、定性研究、定量实证研究、数理模型分析等方法，对城市创新系统知识转移机制、城市创新系统动态联盟知识转移机制、知识转移对省域城市创新能力的影响效应、知识转移对北京市各城区创新能力的影响效应和京津冀城市群知识转移的交互演化以及对协同创新的作用机理作了研究和探讨，主要研究结论包括：

第一，城市创新系统是由企业、高校、科研院所和中介服务机构等创新主体构成的合作创新网络，主体之间通过科技合作、国内技术购买、国外技术引进等多种方式实现知识转移。城市创新系统知识转移的有效运行依托于城市知识转移媒介、知识共享文化等创新条件，并受到市场需求、政府政策等环境因素的驱动。

第二，城市创新系统知识转移的实现存在一定的内在机制。从过程看，城市创新系统知识转移的实现经历知识匹配、知识获取、知识扩散、知识消化吸收、知识应用与创造、知识反馈6个阶段。知识匹配、知识获取和知识反馈主要发生在知识源组织与知识受体组织之间，知识扩散、知识消化吸收、知识应用与创造主要发生在知识受体组织内部。从方式看，城市创新系统知识转移可通过科技研发合作、购买国内技术、引进外商直接投资、行业培训与交流、人员流动等得以实现。从驱动力看，城市创新系统知识转移的有效运行离不开政府引导、经济发展需求拉动、创新文化环境催化和利益相关者推动。基于这些驱动因素，有助于形成政府引导型、市场需求型、环境推动型和利益相关者推动型4种知识转移驱动模式。

第三，动态联盟是城市创新主体实现合作创新的一种重要方式，其形成动因主要有城市创新需要、专有资产投资优势、效率优势和组织优势4个方面。为抓住市场机遇、快速而高效地完成相应的项目任务，各自具有优势知识资源的合作伙伴在彼此之间展开各自优势知识资源的输入与输出，即开展知识转移活动。从微观机制看，这种知识转移活动包含知识识别、知识传播与共享、知识整合与知识创造4个环节，新知识进行不断的循环学习、优化和积累，成为动态联盟的共有知识，其应用对动态联盟及其成员组织的知识能力提升具有促进作用。受新业务合作项目的驱动，这种知识能力作用于各成员组织，开始新一轮的、更高水平的知识识别、知识传播与共享、知识整合和知识创造等知识转移活动。知识创造是城市创新系统动态联盟知识转移活动中至关重要的一个环节。受外部环境因素刺激引发的问题的驱动，具有自组织特性的知识不断进行遗传、变异和选择的螺旋进化过程。这一过程为动态联盟知识创造的产生和发展提供强大的动力源，驱动微观层次的知识螺旋创造过程，即知识主体已拥有的内隐知识和外显知识相互作用在专家与动态联盟之间循环发生，进而创造出新知识。其中,"场"为动态联盟知识共享和知识创造提供了必不可少的交流平台。新产生的知识接受外部选择,"适者生存,劣者淘汰",无效部分不断萎缩最终被淘汰,有效知识被保留下来,得到存储、传播和利用,从而提高动态联盟知识利用的效率。动态联盟知识创造也离不开内部的组织驱动力。组织模式是确保动态联盟知识转移得以进行的重要基础,其组织结构与信息技术、规章制度与工作流程、战略愿景与文化氛围通过协调、激励和认知三种机制作用于知识转移活动,影响知识转移成效。

第四,知识转移对省域城市创新产生重要的影响作用,吸收能力在其中起重要的中介效应。此部分遵循"引进—消化吸收—再创新"的技术知识演进规律,从知识转移过程着手,同时结合实证数据的可获得性,重点考察知识获取与知识消化吸收两个环节对省域城市创新能力的作用机制。从兼顾显隐性知识类别以及外部知识获取给组织带来长短期效益的角度出发,本书选取产学研合作、国内技术购买和国外技术引进作为省域城市知识转移过程中知识获取环节的研究变量。鉴于技术消化吸收以及主体消化吸收能力的重要性,结合实证数据的可获得性,选用吸收能力作为技术消化吸收环节的研究变量。此外,选用城市创新能力衡量城市创新系统发展状况。基于我国30个省份2002~2015年的面板数据,本书采用计量经济学方法,研究了上述知识获取变量对省域城市创新能力的影响关系以及吸收能力在其中的中介作用。

从各省域城市看,产学研合作、国内技术购买、国外技术引进三种知识获取方式均对省域城市创新能力具有显著的促进作用。而且,相对于国外技术引进,产学研合作和国内技术购买对省域城市创新能力的促进效果更明显。吸收能力在产学研合作、国内技术购买对省域城市创新能力的影响关系中均具有部分中介作用,在国外技术引进对省域城市创新能力的影响关系中具有完全中介作用。从省域城市组群看,各知识获取方式与省域城市创新能力之间的关系以及吸收能力在其中的中介效应在高、中、低创新能力省域城市组群中存在明显的差异。在高创新能力省域城市组群，产学研合作对省域城市创新能力起到显著的负向影响，国外技术引进起到显著的正向影响，国内技术购买的影响不显著。在中创新能力省域城市组群，产学研合作对省域城市创新能力起到显著的负向影响，国内技术购买起到显著的正向影响，国外技术引进的影响不显著。在低创新能力省域城市组群，国外技术引进对省域城市创新能力起到显著的正向影响，产学研合作和国内技术购买的影响均不显著。在中创新能力省域城市组群，吸收能力在产学研合作、国内技术购买与省域城市创新能力之间均具有部分中介作用。在高、低创新能力省域城市组群，吸收能力在各知识获取变量与省域城市创新能力之间均不存在中介作用。

第五，知识转移的溢出效应对于北京市各城区创新发展亦产生重要的促进作用。本书实证研究了科技合作、研发活动、外商直接投资三个知识转移变量对北京市各城区创新能力的影响关系。在样本数据范围内，得到以下结论：一是科技合作是促进北京各城区和各功能区创新能力提升的一个重要因素，其中对首都功能核心区和生态涵养发展区的影响相对较大；二是研发活动对各城区创新能力提升的促进作用较大，对各功能区创新能力提升的促进作用最大的是城市发展新区，其次是城市功能拓展区；三是外商直接投资对城市创新能力的影响虽显著，但较小，对北京各城区发展的促进作用有待提升，从各功能区角度考察，能够促进生态涵养发展区创新能力提升；四是仅首都功能核心区非自变量因素带来的城市创新能力提升弹性较大并显著，其他功能区与其差距悬殊，城区经济、社会、文化等非自变量自身条件带来的创新能力由城市中心向外围远郊城区逐渐减弱。

第六，城市创新系统存在城市区域内知识转移和城市区域间知识转移，这两种知识转移活动之间的内在交互机制对于提升城市创新能力、城市间一体化水平和城市群整体协同创新能力具有重要的影响作用。本书借鉴共生理论，以北京、天津、河北三地城市为例，构建了京津冀协同创新背景下城市区域内转移与城市区域间知识转移的交互模型，分析两种知识转移活动之间的交互演化规律以及对京津冀协同创新的作用机理。在京津冀协同创新进程中，源于产业发展的分工与协作，城市区域内外的创新主体构成合作创新系统，开展城市区域内知识转移与城市区域间知识转移，而知识势差是这两种知识转移活动的内在推动力。这两种知识转移活动的交互演化经历寄生型、合作型和依存型三个阶段，二者的相互依赖程度在不同阶段有所不同。在寄生型交互共生关系阶段，京津冀各城市区域内知识转移的开展占主导地位，处在"寄主"角色，而京津冀城市区域间知识转移起辅助作用，主要依赖于城市区域内知识转移的需要而开展，处在"寄生"角色。在合作型交互共生关系阶段，京津冀各城市区域内知识转移与京津冀城市区域间知识转移的优势互补明显，彼此有效互动，二者之间的关系呈"合作共生"关系。在依存型交互共生关系阶段，对于京津冀各城市区域内知识转移与城市区域间知识转移，一方的有效开展需以另一方的有效开展为基础，二者相互依赖，各自独立开展均难以取得卓越成效。京津冀城市区域内知识转移与城市区域间知识转移之间的交互演化与该城市群资本、信息、目标、人才等各要素协同相互作用，不断推动着该城市群各项协同创新活动的开展，最终优化该城市群的整体经济效益与社会效益。这一过程受到政府支持、经济互补、文化相近和地理邻近四大方面环境因素的驱动。

第二节　管理启示

以上研究结论具有重要的实践指导意义。

第一，鉴于知识获取对省域城市创新能力的显著促进作用，各省域城市应重视外部知识获取的提升作用。各省域城市应鼓励创新组织和主体积极通过多种渠道获取有用知识，兼顾知识获取的长、短期收益，以促进城市创新和适应市场变化，尤其要关注产学研合作和国内技术购买对于城市创新的效用。在产学研合作方面，企业应加大投资力度，支持学研机构从事前沿技术的创新活动，以学研机构的创新成果反哺企业的技术创新能力。例如，企业可在合作的高校和科研院所设立研发基地，确保各方研究人员之间的高效交流，便于更好地获取、消化吸收和利用学研机构所擅长的技术和知识。各地政府应努力搭建产学研合作平台，加大政策支持力度，促进产、学、研之间的知识和技术转移。在技术交易方面，供求双方应积极参与交易活动，各地政府也应在技术交易中发挥重要作用，通过构建信息技术平台、完善法规制度、实施激励政策等策略，正确引导交易需求和科研成果产业化，促进国内技术购买和国外技术引进对城市创新的积极影响作用。

第二，针对消化吸收在知识获取与省域城市创新能力之间的中介作用，各省域城市应重视对外部知识资源的消化吸收。吸收能力是连接知识获取与城市创新能力的桥梁，也是知识获取影响城市创新能力的"催化剂"。真正有效地提升城市创新能力，就需要对所获取的外部知识不断地消化、吸收，而不只是简单地模仿创新，才能创造出具有更高水平的新技术和新知识。而吸收能力的增强需要各省域城市不断提升城市知识存量和知识质量水平，中低创新能力组群的省域城市更需如此。为此，各省域城市需要不断优化城市创新环境，加强高校和科研院所的基础设施建设、优质人才引进与激励培养，加大扶持力度引进优质企业和行业优秀人才，提供培训与学习机会，完善人力资源管理制度等。通过各种途径，增强城市吸收能力，充分发挥吸收能力对城市创新能力的促进作用。

第三，不同创新能力组群的省域城市应在通过知识获取提升城市创新能力过程中做到有的放矢。例如，各组群的省域城市都应侧重于建立有效的产学研联动机制，城市内外的企业、高校、科研院所、中介机构等应致力于建立完善的技术交流、信息沟通和反馈渠道，如共同设立合作研发基地，建立稳定长期的战略合作伙伴关系，增强学研机构的创新成果对企业技术创新能力的反哺作用。低创新能力组群的省域城市应不断提升自身知识存量和吸收能力，加强对外部先进技术的消化吸收，以提升城市创新能力。对此，国家可在低创新能力组群省域城市的教育环境优化、优质人才流入等方面给予一定的政策支持。此外，虽然国外先进技术和知识具有外部经济性和溢出效应，但各组群省域城市在引进国外技术时要规避可能存在的风险。例如，国外先进技术可能会对国内技术具有一定的挤出效应，抑制国内技术创新。因此，高创新能力组群的省域城市在适度引进国外技术的同时，要坚持探索型创新模式，增强自主研发和创新能力。另外，在引进国外技术时往往存在技术壁垒，出现国外技术未能很好地本土化等问题。因此，各创新能力组群的省域城市要有针对性地引进国外技术，综合考虑自身需求和消化吸收水平、政府政策等因素，引进符合创新组织自身水平、能够本土化的技术，防止"消化不良"。

第四，针对知识转移对北京市各城区创新能力影响关系的研究结论，本书提出相应的政策建议。一是北京各城区要提升创新能力，要保持现有的科技合作水平，鼓励企业间开展科技合作，促进技术水平和创新能力的提升。二是各城区政府应科学地开展研发活动、投入科研经费，并且完善对科研机构的绩效考核，以确保将研发活动投入有效转化为创新成果。鼓励企业、高校和科研机构开展自主创新和开放创新，提升科研经费的利用效率。三是各城区应积极吸引外资，合理利用外资，获得国外先进研发资源，不断增强技术引进吸收再创新，为最终提升自主创新能力服务。四是北京市需要因地制宜地促进各城市功能区创新能力的提升。首都功能核心区要提升创新能力，需要加强科技合作，完善创新评价体系，更好地将研发活动经费转化成创新成果。城市发展新区要提升创新能力，需要促进科技合作和研发活动的开展，尤其要增加政府财政科技支出，生态涵养发展区要提升创新能力，需要促进科技合作和增加外商直接投资。五是各城区要提升创新能力，不仅要从本书考察的解释变量角度入手，还应考虑其他因素的影响作用。例如，一个城区是否具有良好的创新环境，是否建立了相对公平的创新绩效评价体系，经济、社会发展对创新能力的需求是否能调动研发机构的积极性，城区经济发展能否为创新能力提供资源，创新资源配置是否有效率等。各城区需从自身发展现状入手，为创新能力提升创造良好的环境。

第五，针对京津冀城市区域内知识转移与城市区域间知识转移的交互演化以及对京津冀协同创新影响机理的研究结论，京津冀三地政府及利益相关者要重视这两种知识转移活动的交互演化对于促进优势知识资源在城市区域内外的流动与充分利用、进而提升京津冀协同创新能力与整体经济和社会效益的重要作用。京津冀三地政府及相关部门要根据这两种知识转移活动交互演化的不同阶段特点及驱动力，采取相应的知识管理策略，协调二者之间的交互共生关系并促其稳定发展。在寄生型交互共生阶段，国家和京津冀三地政府及利益相关者应着重考虑城市区域间知识转移的"寄生"角色，努力维持"寄生渠道"的畅通，并发挥政治、经济、文化、地理位置等力量的驱动作用。例如，继续借助政治力量推动产业跨城市合理转移及其所伴随的城市区域间知识转移，大力发挥中介服务机构在京津冀城市区域内外知识需求与知识供给的联结作用等，发挥城市区域间知识转移对京津冀协同创新发展的作用。同时，因为城市区域间知识转移的有效性在很大程度上依赖于作为知识源的城市能够提供有用的知识，以及作为知识受体的城市能够提出明确的知识需求和具备吸收能力，所以，需要知识转移双方主体通过各自城市区域内知识转移积累自身的知识基础，提升自身的知识转移和知识吸收的能力。在合作型交互共生阶段，各级政府和相关部门应充分发挥政治、经济、文化、地理位置等因素的驱动作用，促进京津冀城市区域内知识转移与城市区域间知识转移的有效互动，进而促进企业、高校、科研院所、中介服务机构等创新主体对城市区域内外优势知识资源的整合与利用，推进这两种知识转移活动向更高层次交互演进。在依存型交互共生阶段，各级政府和相关部门亦要从政治、经济、文化、地理位置等驱动力着手，采取策略防止京津冀城市区域内知识转移与城市区域间知识转移陷入过度依赖陷阱，以及控制这种陷阱对京津冀协同创新的长期抑制作用。例如，为推动京津冀城市区域内知识转移与城市区域市间知识转移的高效交互演化，应进一步明确技术转移机构在此方面的职责，制定相应的激励保障机制，固化城市区域间的合作交流机制，营造良好的合作创新环境等，督促企业、高校、科研院所等创新主体进行跨城市区域、跨组织的深层次的知识转移与合作创新。

第三节　研究意义

与企业知识管理领域研究将企业视为知识集合体的核心观点相一致，城市创新理论亦将城市看成知识集合体，认为知识及知识创新是城市创新和经济发展的主要动力源，是提升城市创新能力和竞争力的长效驱动力。鉴于此，本书基于相关理论基础，分析和研究了城市创新系统知识转移机制、城市创新系统动态联盟知识转移机制、知识转移对省域城市创新能力的作用路径和影响关系、知识转移对北京市各城区创新能力的影响关系、京津冀城市区域内知识转移与城市区域间知识转移的交互演化机制以及对该城市群协同创新的作用机理，进而相应地探索了城市创新系统知识转移的管理策略。本书研究有助于丰富城市创新系统知识转移的理论研究成果。

第一，知识转移是促进城市知识流动和发挥知识效用的重要途径，当前学术界不少文献研究了知识转移对我国省域城市创新能力的影响关系，但存在一些有待完善的地方。部分文献将知识转移视为多种知识转移方式的集合，例如用国内技术购买和国外技术引进的经费之和测量省域城市知识转移，研究知识转移对省域城市创新能力的整体影响。部分文献所涉及的知识转移方式有限，例如仅涉及反映短期交易性质的知识转移方式，或仅涉及反映长期合作的知识转移方式。与现有研究不同，本书所选择的知识转移方式较为全面，从兼顾知识的显、隐性特征以及知识转移所带来的长、短期效益的角度，选取能够同时反映长期合作与短期交易的产学研合作、国内技术购买、国外技术引进作为省域城市知识转移的测量变量，系统而深入地研究这三种方式对我国省域城市创新能力的影响作用。

第二，对于知识转移对省域城市创新影响关系的研究，现有文献主要分析了知识转移对省域城市创新的直接影响关系，以及吸收能力等因素在知识转移与省域城市创新之间的调节作用，少有文献探索知识转移与省域城市创新之间的中介变量及其中介效应。对于吸收能力在知识获取与创新能力之间中介作用的研究，现有文献主要定位于企业层面，很少定位于省域城市层面。因此，与已有研究不同，本书实证研究了吸收能力在知识转移与省域城市创新能力之间的中介作用，这有助于弥补现有研究的不足，深化知识转移对省域城市创新影响关系的探索。

第三，基于知识管理视角的北京市各城区创新能力影响因素的研究中，现有文献多关注知识溢出效应、研发要素流动、空间相关性等问题。但是，与这些相比，知识转移更能体现主体的主观能动性。另外，部分文献研究北京市各城区研发合作等知识转移活动的影响因素，但较少深入研究知识转移对北京市各城区创新能力的影响作用。本书以科技合作、研发活动和外商直接投资作为知识转移的测量变量，实证分析了这些变量对北京市各城区创新能力的影响关系，丰富了北京城市创新与知识管理的理论研究。尤其是在北京正在努力建设全国科技创新中心和国家大力建设技术转移中心的实践背景下，这一研究显得更有意义。

第四，在城市创新系统中，存在城市区域内知识转移与城市区域间知识转移两种知识活动。但是，现有文献基本上都只分析了城市区域内知识转移与城市区域间知识转移的各自活动机理，少有文献对这两种知识转移活动之间的关系展开研究。另有一些文献从交互演化和共生视角研究城市创新系统的知识管理问题，但未见有文献从这些视角研究城市区域内转移与城市区域间知识转移之间的关系问题。对此，本书基于共生理论，探讨了京津冀城市区域内知识转移与城市区域间知识转移的交互演化关系以及对该城市群协同创新的作用机理，有助于丰富城市创新系统知识转移和京津冀协同创新发展的理论研究成果。

总之，期望本书研究能丰富城市创新系统知识转移的理论研究，为后续研究提供借鉴，同时为城市创新与城市知识管理实践提供参考。

第四节　研究局限与未来展望

尽管本书通过采用多种研究方法，在城市创新系统知识转移的机制和影响效应方面取得了一些研究成果，但由于能力有限，对城市创新系统知识转移的研究未免不够完善和深入，仍存在一些不足。例如，在探讨城市创新系统动态联盟的知识转移机制时，只是作定性研究，未配以实证研究。在研究知识转移对省域城市创新能力的影响关系之前，若能先从知识转移角度寻找投入指标，评价省域城市创新效率，从中分析各知识转移指标对省域城市创新绩效的影响关系，然后将研究结果与基于计量经济模型的实证研究结果进行对比分析，将使研究工作更深入、研究结论更具说服力。在研究知识转移对北京市各城区创新能力的影响关系时，本书仅局限于研究直接影响关系，未深入探索这两类变量之间可能存在的中介变量或调节变量。在研究京津冀城市区域内知识转移与城市区域间知识转移的交互演化关系时，本书只是采用数理模型分析方法构建多个阶段的交互共生模型，分析交互共生关系的演化，未基于样本数据进行仿真模拟和检验。

今后，除了对本书现有研究内容进行完善，还有必要拓展和深入研究其他相关的内容。

第一，可深化城市创新系统动态联盟知识转移的研究。本书定性分析了城市创新系统动态联盟知识转移的微观机制和组织动力机制，以及动态联盟知识创造环节的内在机理。今后，可深入研究政策环境对城市创新系统动态联盟知识转移的影响关系和作用机制、动态联盟知识转移对各联盟成员企业内部知识状态变化的影响作用等问题，并进行实证检验。

第二，有必要深入研究城市区域间知识转移对城市创新能力的影响机制。随着城市经济协同发展的推动，城市区域之间的知识交流与合作显得日益重要，日益受到各级政府的重视和推动。相应地，学术界也越来越多地研究城市区域间知识转移的相关问题。目前国内对城市区域间知识转移的研究更多是分析城市区域间知识转移的机制、方式等，对城市区域间知识转移如何作用于城市创新和城市经济协同发展、影响程度如何等问题的研究很少。因此，今后有必要继续研究和实证检验城市区域之间知识转移对城市创新与协同发展的作用路径和影响效应。

第三，可丰富知识转移对北京市各城区创新能力影响关系的研究。本书实证分析了科技合作、研发活动和外商直接投资三种知识转移方式对北京市各城区创新能力的直接影响关系，今后可研究更多的知识转移变量的影响作用，可探索知识转移与北京市各城区创新能力之间的中介效应或调节效应等。

第四，可进一步模拟、检验城市区域内知识转移与城市区域间知识转移的交互演化机制。在实践中，各个城市为突破现有的创新与发展瓶颈，或为追求更优的发展路径和效益，往往会尝试各种城市区域间的知识交流与合作。而城市区域内部的知识交流与合作与城市区域间的知识交流与合作是密不可分的，彼此动态交互，相互影响，共同作用于城市内部创新和城市间协同创新。研究城市区域内知识转移与城市区域间知识转移的交互演化规律具有实践需求。因此，今后可进一步采用系统动力学软件等工具，基于样本数据，仿真模拟京津冀或其他城市群城市区域内知识转移与城市区域间知识转移的交互演化关系以及各驱动因素的影响作用，深入探索两种知识转移活动交互演化的规律、条件、驱动力作用机制等。

第五，有必要实证研究城市创新与知识转移的治理机制和策略。本书只是在城市创新系统知识转移机制及影响效应研究的基础上，提出相应的管理策略，并未从知识治理的角度深入而全面地研究城市创新系统知识转移的治理机制。另外，关于知识治理机制的定性研究与定量实证研究更多是针对企业层面的知识与创新相关问题而展开的。虽然有些文献研究了城市区域层面知识治理机制和策略，但这方面的研究较少，且大多为定性分析，较少进行实证检验。因此，今后可综合采用定性研究和定量研究的方法，深入探讨和考察城市创新系统的知识治理机制及其对城市创新和经济发展的影响作用。

参考文献

［1］北京市统计局，国家统计局北京调查总队. 北京统计年鉴 2016 - 2018 ［M］. 北京：中国统计出版社，2016 - 2018.

［2］彼得·F. 德鲁克 等著，杨开峰 译. 知识管理 ［M］. 北京：中国人民出版社，1999.

［3］波普尔. 猜想与反驳 ［M］. 上海：上海译文出版社，1986.

［4］蔡凯，程如烟. 基于专利转让的京津冀技术转移网络分析 ［J］. 情报工程，2018，4（5）：73 - 82.

［5］曹如月，郝生跃，王松. 组织氛围对 EPC 项目内知识转移绩效影响的实证研究 ［J/OL］. 工程管理学报. https：//doi. org/10. 13991/j. cnki. jem. 2019. 02. 022.

［6］陈恒，侯建. 自主研发创新、知识积累与科技绩效——基于高技术产业数据的动态门槛机理研究 ［J］. 科学学研究，2016，34（9）：1301 - 1309 + 1425.

［7］陈华，刘静华. 高科技企业克服技术创新核心刚性对策的系统分析 ［J］. 科学学与科学技术管理，2008（10）：88 - 92.

［8］陈金丹，胡汉辉. 产业集群网络上的知识转移分析——以南京大明路汽车销售与服务产业集群为例 ［J］. 科学学与科学技术管理，2010，31（2）：100 - 104.

［9］陈静，岳海鸥，武张亮. 山东省六个国家创新型城市的创新竞争

力评价——基于主成分分析和集对分析 [J]. 情报工程, 2019, 5 (1): 84-97.

[10] 陈凯, 王珂. 京津冀地区知识溢出效应测度 [J]. 天津科技, 2015, 42 (5): 73-77.

[11] 陈伟, 潘伟, 杨早立. 知识势差对知识治理绩效的影响机理研究 [J]. 科学学研究, 2013, 31 (12): 1864-1871.

[12] 陈武. 知识传播机理的物理学视角探讨——从知识势差的角度来解释知识流动 [J]. 科技和产业, 2010, 10 (1): 110-113.

[13] 陈晓红, 宋洋. 区域创新系统中知识吸收能力的评价及比较研究 [J]. 科技进步与对策, 2011, 28 (1): 108-112.

[14] 成桂芳, 宁宣熙. 虚拟企业知识分工与协作研究 [J]. 科技进步与对策, 2005 (1): 89-91.

[15] 成祖松. 我国区域产业转移粘性的成因分析: 一个文献综述 [J]. 经济问题探索, 2013 (3): 183-190.

[16] 崔新健, 崔志新. 区域创新体系协同发展模式及其政府角色 [J]. 中国科技论坛, 2015 (10): 86-91.

[17] 崔新健, 郭子枫, 刘轶芳. 基于知识管理的区域创新能力评价研究 [J]. 经济管理, 2013 (10): 38-47.

[18] 崔志新, 陈耀. 区域技术创新协同的影响因素研究——基于京津冀和长三角区域面板数据的实证分析 [J]. 经济与管理, 2019, 33 (3): 1-8.

[19] 戴宏伟, 丁建军. 社会资本与区域产业集聚: 理论模型与中国经验 [J]. 经济理论与经济管理, 2013 (2): 86-99.

[20] 单子丹, 高长元. 跨区域高技术知识网络的演进机理与战略定位研究 [J]. 中国科技论坛, 2013 (12): 38-44.

[21] 丁焕峰. 区域创新理论的形成与发展 [J]. 科技管理研究,

2007 (9): 18 –21.

[22] 段德忠, 杜德斌, 谌颖, 管明明. 中国城市创新技术转移格局与影响因素 [J]. 地理学报, 2018, 73 (4): 738 –754.

[23] 段杰, 张智立, 龙瑚. 创新型城市发展模式分析及创新能力评价——以深圳为例 [J]. 开发研究, 2016 (1): 58 –63.

[24] 范恒山, 肖金成, 方创琳等. 城市群发展: 新特点新思路新方向 [J]. 区域经济评论, 2017 (5): 1 –25.

[25] 范晓春, 王晰巍. 新媒体环境下企业知识管理影响因素实证研究——基于信息生态系统要素视角的分析 [J]. 情报科学, 2015, 33 (10): 78 –84.

[26] 方创琳. 京津冀城市群协同发展的理论基础与规律性分析 [J]. 地理科学进展, 2017, 36 (1): 15 –24.

[27] 冯泰文, 李一, 张颖. 合作创新研究现状探析与未来展望 [J]. 外国经济与管理, 2013, 35 (9): 72 –80.

[28] 冯云廷, 张娜. 城市产学研协同创新的系统动力学研究方法及提升路径探析——一个理论框架 [J]. 科技管理研究, 2018, 38 (18): 1 –8.

[29] 傅家骥. 技术创新学 [M]. 北京: 清华大学出版社, 1998.

[30] 傅利平, 周小明, 罗月丰. 知识溢出与产学研合作创新网络的耦合机制研究 [J]. 科学学研究, 2013, 31 (10): 1541 –1547.

[31] 傅为忠, 刘登峰, 韩成艳. 皖江城市带区域自主创新能力评价及对策研究 [J]. 科技进步与对策, 2012, 29 (5): 121 –127.

[32] 高亚满. 基于 DEA 的山西省区域创新能力探析 [J]. 科技创新与应用, 2015 (34): 30 –31.

[33] 顾伟男, 申玉铭. 我国中心城市科技创新能力的演变及提升路径 [J]. 经济地理, 2018, 38 (2): 113 –122.

[34] 关涛. 知识特性对跨国公司选择知识转移工具的影响 [J]. 科

研管理，2012，33（5）：79－85＋94.

［35］郭洪. 跨区域创新合作模式研究——以中关村为例［J］. 北京社会科学，2014（5）：124－128.

［36］郭捷楠，任旭，郝生跃. 领导力与知识转移关系研究述评及展望［J］. 科技进步与对策，2018，35（4）：153－160.

［37］郭丽. 产业区域转移粘性分析［J］. 经济地理，2009，29（3）：395－398.

［38］韩振海，李国平. 国家创新系统理论的演变评述［J］. 科学管理研究，2004（2）：24－26.

［39］何亚琼，葛中锋，苏竣. 区域创新网络中组织间学习机制研究［J］. 学术交流，2006（2）：63－68.

［40］何云峰. 从普遍进化到知识进化：关于进化认识论的研究［M］. 上海：上海教育出版社，2001.

［41］贺一堂，谢富纪. 基于量子博弈的产学研协同创新激励机制研究［J］. 系统工程理论与实践，2019（6）：1435－1448.

［42］洪勇，李琪. 基于主体间多维交互的产学研知识转移机理［J］. 科学学研究，2018，36（5）：857－867.

［43］胡鞍钢，熊义志. 我国知识发展的地区差距分析：特点、成因及对策［J］. 管理世界，2000（3）：5－17.

［44］胡太山. 创新聚群与地区发展［J］. 城市规划汇刊，2002（3）：20－27.

［45］黄莉，徐升华. 生态产业集群知识转移影响因素研究［J］. 图书馆学研究，2015（13）：2－9.

［46］黄晓卫. 高科技产业园区知识创新的动力机制分析［J］. 统计与决策，2012（7）：59－61.

［47］贾平，张昌俭. 企业动态联盟中群体化核心能力分析［J］. 徐

州师范大学学报，2005（3）：9－92.

[48] 简兆权，刘荣. 基于科技中介的区域创新系统知识转移路径研究 [J]. 科学学与科学技术管理，2010，31（8）：97－101.

[49] 简兆权，郑雪云. 区域创新系统内部知识转移障碍及对策分析——以泛珠江三角洲区域为例 [J]. 科学学与科学技术管理，2010，31（5）：166－170.

[50] 蒋殿春，夏良科. 外商直接投资对中国高技术产业技术创新作用的经验分析 [J]. 世界经济，2005（8）：5－12＋82.

[51] 瞿辉，吴尤可. 我国区域创新研究主题及其演化—基于CSSCI数据（1998－2014年）的分析 [J]. 科技进步与对策，2015，32（19）：30－34.

[52] 瞿孙平，石宏伟，俞林等. 知识搜索、吸收能力与企业创新绩效——环境不确定性的调节作用 [J]. 情报杂志，2016，35（8）：185－191.

[53] 李妃养，黄何，陈凯. 广东各地市创新能力评价研究 [J]. 科研管理，2018，39（S1）：111－121.

[54] 李锋，喻志鹏，冯瑶. 基于知识转移视角的产业技术创新联盟内部合作对象匹配研究 [J]. 江苏科技大学学报（自然科学版），2019，33（2）：81－87.

[55] 李健，鲁亚洲. 京津冀创新能力预测与影响因素研究 [J]. 科技进步与对策，2019，36（12）：37－45.

[56] 李健旋，程中华. 知识溢出对区域创新影响的空间计量分析 [J]. 中国科技论坛，2017（2）：121－126.

[57] 李美桂，赵兰香，姚升保，陈锐. 面向科技创新中心建设的产业知识基础评析——以北京科技创新中心为例 [J]. 科技进步与对策，2018，35（8）：52－59.

［58］李庆满，戴万亮，王乐. 产业集群环境下网络权力对技术标准扩散的影响——知识转移与技术创新的链式中介作用［J］. 科技进步与对策，2019，36（8）：28－34.

［59］李淑，夏宇. 知识转移对我国区域创新能力的影响研究［J］. 科学管理研究，2012，30（6）：41－44.

［60］李涛，张贵. 研发要素流动对京津冀城市群的科技创新影响研究［J］. 河北工业大学学报（社会科学版），2019，11（2）：1－7＋15.

［61］李卫兵，彭十一. 熊彼特的"创新理论"与企业的技术创新策略［J］. 全国商情（经济理论研究），2006（10）：36－37＋35.

［62］李兴莉，申虎兰，冯玉广. Logistic 和 Lotka-Volterra 模型参数的灰色估计方法研究［J］. 大学数学，2004（6）：82－87.

［63］李星，贾晓霞. 企业吸收能力、隐性知识转移与创新绩效的关系——基于对海洋装备制造企业的考察［J］. 经营与管理，2016（3）：113－117.

［64］李彦琴，张书慧，王炳富. 创新集群知识转移的机制分析［J］. 中外企业家，2011（18）：1－3.

［65］李艳丽，赵大丽，高伟. 市场化改革、知识转移与区域创新能力研究［J］. 软科学，2012，26（4）：28－32.

［66］李永周，贺海涛，刘旸. 基于知识势差与耦合的产学研协同创新模型构建研究［J］. 工业技术经济，2014，33（1）：88－94.

［67］李宇. 嵌入大学科技园的紧密型产学研结合机制及区域创新驱动模式研究［J］. 科技进步与对策，2013，30（1）：5－10.

［68］李云梅，黄祥. 基于知识转移的校企联盟模型研究［J］. 科技进步与对策，2011，28（10）：21－24.

［69］李正卫，张祥富，张萍萍. 区域学习能力对创新绩效影响研究：基于我国各省市的实证分析［J］. 科技管理研究，2012，32（20）：

85 - 88.

[70] 梁琦, 李建成, 夏添, 徐世长. 知识交流合作的空间溢出与邻近效应——来自长三角城市群的经验证据 [J]. 吉林大学社会科学学报, 2019, 59 (2): 41 - 51.

[71] 梁哨辉, 宋鲁. 基于过程和能力的知识管理模型研究 [J]. 管理世界, 2007 (1): 62 - 63.

[72] 廖德贤, 张平. 区域创新系统中的城市创新系统 [J]. 科技情报开发与经济, 2005 (5): 181 - 182.

[73] 廖名岩, 曹兴. 协同创新企业知识势差与知识转移的影响因素 [J]. 系统工程, 2018, 36 (8): 51 - 60.

[74] 廖志江, 高敏, 廉立军. 基于知识势差的产业技术创新战略联盟知识流动研究 [J]. 图书馆学研究, 2013 (1): 78 - 83.

[75] 廖志江. 知识流动下的京津冀跨省区知识联盟协同创新研究 [J]. 科技情报开发与经济, 2014, 24 (14): 145 - 146.

[76] 林东清 著, 李东 改编. 知识管理理论与实务 [M]. 北京: 电子工业出版社, 2005.

[77] 林莉, 李正和, 傅利斌. 基于知识活动系统的大学 - 企业知识联盟知识转移的过程分析 [J]. 职业技术教育, 2009, 30 (28): 10 - 14.

[78] 刘承良, 管明明, 段德忠. 中国城际技术转移网络的空间格局及影响因素 [J]. 地理学报, 2018, 73 (8): 1462 - 1477.

[79] 刘芳. 高速铁路、知识溢出与城市创新发展——来自 278 个城市的证据 [J]. 财贸研究, 2019, 30 (4): 14 - 29.

[80] 刘凤朝, 刘靓, 马荣康. 区域间技术交易网络、吸收能力与区域创新产出——基于电子信息和生物医药领域的实证分析 [J]. 科学学研究, 2015, 33 (5): 774 - 781.

[81] 刘凤朝, 闫菲菲, 马荣康, 姜滨滨. 邻近性对跨区域研发合作

模式的影响研究——基于北京、上海、广东的实证 [J]. 科研管理，2014，35 (11)：100 - 108.

[82] 刘和东，冯博涵. 区域创新空间关联特征及其关键因素分析 [J]. 中国科技论坛，2019 (5)：98 - 106.

[83] 刘克寅，宣勇，池仁勇. 校企合作创新的协调失灵、再匹配与发展机制——基于省际校企合作创新的面板数据分析 [J]. 科研管理，2015，6 (10)：35 - 43.

[84] 刘群慧，李丽. 关系嵌入性、机会主义行为与合作创新意愿——对广东省中小企业样本的实证研究 [J]. 科学学与科学技术管理，2013，34 (7)：83 - 94.

[85] 刘顺忠，官建成. 区域创新系统知识吸收能力的研究 [J]. 科学学研究，2001 (4)：98 - 102.

[86] 刘晓静. 浅析区域创新系统知识共享运行效率评价模型 [J]. 科技管理研究，2011，31 (21)：57 - 59.

[87] 刘艳春，孙凯. 中国区域创新绩效评价的影响因素研究——基于面板数据空间杜宾模型计量分析 [J]. 工业技术经济，2016，35 (10)：55 - 62.

[88] 刘懿锋，孙浩进. 我国区域创新体系中的产学研合作模式构建 [J]. 区域经济评论，2015 (1)：86 - 90.

[89] 刘永久，王忠辉，吴凤庆. 城市创新能力综合评价实证分析——以山东省十七城市为例 [J]. 城市发展研究，2010，17 (9)：30 - 35.

[90] 刘友金，易秋平，贺灵. 产学研协同创新对地区创新绩效的影响——以长江经济带11省市为例 [J]. 经济地理，2017，37 (9)：1 - 10.

[91] 龙开元. 跨行政区创新体系建设初探 [J]. 中国科技论坛，2004 (6)：50 - 54.

[92] 卢新元，王艳梅，周茜. IT 外包服务中知识转移过程及影响因

素分析［J］. 情报科学, 2012, 30 (11): 1734 – 1738.

［93］鲁元平, 王品超, 朱晓盼. 城市化、空间溢出与技术创新——基于中国264个地级市的经验证据［J］. 财经科学, 2017 (11): 78 – 89.

［94］陆立军, 郑小碧. 基于演化动力学的专业市场与产业集群互动机理的理论与应用研究——以"义乌商圈"为例［J］. 南开管理评论, 2011, 14 (3): 52 – 62 + 84.

［95］陆玉梅, 高鹏, 朱宾欣. 知识和资金投入决策下产业技术创新战略联盟合作研发模式研究［J/OL］. 工业工程与管理: 1 – 10 [2019 – 07 – 20]. http://kns.cnki.net/kcms/detail/31.1738.T.20190425.1743.004.html.

［96］路娟, 张勇, 朱俊杰. 吸收能力对区域创新绩效与经济增长的调节效应研究［J］. 宏观经济研究, 2017 (9): 107 – 118.

［97］吕拉昌, 魏也华. 新产业区的形成、特征及高级化途径［J］. 经济地理, 2006 (3): 359 – 363 + 368.

［98］罗珉. 组织间关系理论最新研究视角探析［J］. 外国经济与管理, 2007 (1): 25 – 32.

［99］罗亚非, 张勇. 基于知识链的高科技产业集群知识共享研究［J］. 科学学与科学技术管理, 2008 (8): 94 – 97.

［100］［美］迈克尔·波特 著, 陈小悦 译. 竞争战略［M］. 北京: 华夏出版社, 2005.

［101］马静, 邓宏兵, 张红. 空间知识溢出视角下中国城市创新产出空间格局［J］. 经济地理, 2018, 38 (9): 96 – 104.

［102］马双, 曾刚. 网络视角下中国十大城市群区域创新模式研究［J/OL］. 地理科学. https://doi.org/10.13249/j.cnki.sgs.2019.06.005.

［103］马永红, 于渤. 区域创新系统知识共享绩效评价研究［J］. 哈尔滨工程大学学报, 2010, 31 (8): 1123 – 1130.

［104］孟凡臣, 刘博文. 跨文化吸收能力: 跨国并购背景下知识转移

过程的探索 [J]. 管理工程学报, 2019, 33 (2): 50 - 60.

[105] 苗长虹. 区域发展理论: 回顾与展望 [J]. 地理科学进展, 1999, 18 (4): 296 - 305.

[106] 慕静, 李爽, 王仙雅. 基于知识转移的制造企业服务创新能力形成路径——内生力的中介作用 [J]. 企业经济, 2018, 37 (11): 37 - 44.

[107] 南旭光. 人才流动、知识溢出和区域发展: 一个动态知识连接模型 [J]. 科技与经济, 2009, 22 (3): 24 - 27.

[108] 倪鹏飞, 白晶, 杨旭. 城市创新系统的关键因素及其影响机制——基于全球 436 个城市数据的结构化方程模型 [J]. 中国工业经济, 2011 (2): 16 - 25.

[109] 牛盼强. 上海产业知识基础与制度协调研究——基于全球科创中心的建设 [J]. 科学学研究, 2016 (6): 860 - 866.

[110] 牛盼强, 谢富纪, 李本乾. 产业知识基础对区域创新体系构建影响的理论研究 [J]. 研究与发展管理, 2011 (10): 101 - 108.

[111] 潘鑫, 王元地, 金珺, 陈劲. 区域创新体系模式及演化分析——基于开发—探索模式的视角 [J]. 研究与发展管理, 2015, 27 (1): 61 - 68.

[112] 彭本红, 吴晓伟, 孙绍荣. 动态联盟的复杂性及其综合集成研讨厅 [J]. 科研管理, 2005 (5): 135 - 140.

[113] 齐二石, 郑晓东, 郑轶松, 李钢. 基于 Web 的虚拟企业知识管理系统研究 [J]. 工业工程, 2006, 9 (1): 70 - 74.

[114] 任静, 樊泽明. 跨区域企业远程互动隐性知识转移平台研究 [J]. 西安工业大学学报, 2015, 35 (9): 730 - 734.

[115] 任太增. 区域产业协同创新平台架构、功能及运行机理研究 [J]. 区域经济评论, 2015 (2): 72 - 76.

[116] 任志安. 超越知识管理: 知识治理理论的概念、框架及应用 [J]. 科研管理, 2007 (1): 20 - 26 + 52.

［117］荣列润. 敏捷制造——21 世纪制造企业的战略［J］. 机电一体化（Mechatronics），2005，11（6）：6－10.

［118］邵云飞，谭劲松. 区域技术创新能力形成机理探析［J］. 管理科学学报，2006，9（4）：1－11.

［119］施建刚，吴光东. 项目导向型供应链跨组织合作创新——基于知识流的研究视角［J］. 科研管理，2011，32（12）：9－16.

［120］施曼. 跨国公司内部知识流动机制研究——基于知识势差的角度［J］. 经济论坛，2013（7）：115－118.

［121］疏礼兵. 网络视角下集群企业知识转移和学习路径［J］. 科技管理研究，2008，28（12）：470－472.

［122］宋晶，陈菊红，孙永磊. 网络能力与合作创新绩效的关系研究——文化异质性的作用［J］. 管理评论，2015，27（2）：35－42＋119.

［123］宋跃刚，杜江. 制度变迁、OFDI 逆向技术溢出与区域技术创新［J］. 世界经济研究，2015（9）：60－73＋128.

［124］隋映辉. 城市创新系统与"城市创新圈"［J］. 经济研究，2004（2）：65－70.

［125］隋映辉，付大伟. 城市创新系统与风险投资体系互动运作研究［J］. 科学学研究，2003（S1）：289－295.

［126］孙超英，贾舒. 对我国跨行政区域创新体系建设的若干思考——兼论建设成渝经济区区域创新体系的重大意义和现实基础［J］. 理论与改革，2007（6）：129－133.

［127］孙东川，叶飞. 动态联盟利益分配的谈判模型研究［J］. 科研管理，2001（2）：91－95.

［128］孙红兵，向刚. 城市创新系统的创新综合能力评价［J］. 经济问题探索，2011（3）：97－103.

［129］孙敬水. 中级计量经济学［M］. 上海：上海财经大学出版

社，2009.

[130] 孙凯. 基于 DEA 的区域创新系统创新效率评价研究 [J]. 科技管理研究，2008 (3)：139 – 141.

[131] 孙鲁云，何剑. 自主研发、技术引进与区域创新发展——基于人力资本视角的实证考察 [J]. 工业技术经济，2017，36 (9)：130 – 136.

[132] 孙晓阳，詹祥. 知识流动视角下市场化程度对区域创新能力的影响及其地区差异 [J]. 技术经济，2016，35 (1)：36 – 42.

[133] 孙瑜康，李国平，席强敏. 技术机会、行业异质性与大城市创新集聚——以北京市制造业为例 [J]. 地理科学，2019，39 (2)：252 – 258.

[134] 孙瑜康，孙铁山，席强敏. 北京市创新集聚的影响因素及其空间溢出效应 [J]. 地理研究，2017，36 (12)：2419 – 2431.

[135] 谭大鹏，霍国庆. 知识转移一般过程研究 [J]. 当代经济管理，2006，28 (3)：11 – 14，56.

[136] 汤茂林，姚士谋. 论城市发展与区域的关系 [J]. 现代城市研究，2000 (2)：33 – 35 + 39 – 64.

[137] 陶峻. 知识密集型服务企业知识转移策略比较研究 [J]. 财经问题研究，2016 (S2)：104 – 106.

[138] 田中禾，王斌. 虚拟 R&D 组织知识管理模式研究 [J]. 科技进步与对策，2006 (4)：70 – 73.

[139] 万幼清，王战平. 基于知识网络的产业集群知识扩散研究 [J]. 科技进步与对策，2007，24 (2)：132 – 134.

[140] 王保林，詹湘东. 都市圈创新系统的知识管理机制研究 [J]. 科学经济社会，2013，31 (2)：67 – 70.

[141] 王超，蒋萍，孙茜. 研发投入、FDI 门槛效应与区域创新——基于面板回归门槛模型 [J]. 长沙理工大学学报（社会科学版），2017 (5)：64 – 74.

[142] 王崇锋，郭文婷，晁艺璇，孟星辰. 知识溢出、知识转移与区域创新能力——基于知识流动范围的实证研究 [J]. 科学与管理，2018，38 (6)：10 - 17.

[143] 王崇锋. 知识溢出对区域创新效率的调节机制 [J]. 中国人口·资源与环境，2015，25 (7)：77 - 83.

[144] 王春杨，张超. 地理集聚与空间依赖——中国区域创新的时空演进模式 [J]. 科学学研究，2013，31 (5)：780 - 789.

[145] 王丰，宣国良. 知识创造的机理分析 [J]. 软科学，2001，15 (5)：2 - 5.

[146] 王缉慈. 简评关于新产业区的国际学术讨论 [J]. 地理科学进展，1998，17 (3).

[147] 王节祥，盛亚，蔡宁. 合作创新中资产专用性与机会主义行为的关系 [J]. 科学学研究，2015，33 (8)：1251 - 1260.

[148] 王丽平，何亚蓉. 互补性资源、交互能力与合作创新绩效 [J]. 科学学研究，2016，34 (1)：132 - 141.

[149] 王鹏，高妍伶俐. 自主研发、技术获取与区域创新能力——基于我国东、中、西部地区大中型工业企业的实证研究 [J]. 工业技术经济，2013，239 (9)：79 - 86.

[150] 王鹏. 试论跨行政区域创新系统的形成基础和动力支持 [J]. 科技管理研究，2009，29 (1)：215 - 217.

[151] 王鹏，王艳艳. 共生网络视角下的跨区域创新合作研究——以内地与香港环境科技创新合作为例 [J]. 产经评论，2015，6 (4)：118 - 132.

[152] 王鹏，张剑波. 外商直接投资、官产学研合作与区域创新产出——基于我国十三省市面板数据的实证研究 [J]. 经济学家，2013 (1)：58 - 66.

[153] 王铁明，曾娟. 关于城市技术创新体系建设的思考 [J]. 科技

进步与对策, 2000 (10): 1 - 2.

[154] 王晓红, 胡士磊. 中国高校产学合作效率: 测算及外部环境因素的影响 [J]. 世界科技研究与发展, 2017 (6): 503 - 510.

[155] 王晓雪, 周柏翔. 基于共生理论的知识联盟中知识转移模型研究 [J]. 情报科学, 2011, 29 (7): 989 - 993.

[156] 王欣. 对外直接投资提升了区域创新能力吗? ——吸收能力视角下基于苏、浙两省地级市面板数据的比较研究 [J]. 华东经济管理, 2016, 30 (9): 26 - 33.

[157] 王欣, 刘蔚, 李款款. 基于动态能力理论的产学研协同创新知识转移影响因素研究 [J]. 情报科学, 2016, 34 (7): 36 - 40.

[158] 王雪原, 马维睿. 知识管理对制造企业绩效的影响研究 [J]. 科学学研究, 2018, 36 (12): 2223 - 2232.

[159] 王月平. 战略联盟的知识流动循环模型研究 [J]. 科技管理研究, 2010, 30 (2): 157 - 159.

[160] 王宗赐, 韩伯棠, 李新波. 基于熵理论的区域知识能力不均衡度研究——以京津冀地区为例 [J]. 科技进步与对策, 2010, 27 (2): 28 - 30.

[161] 魏守华, 吴贵生, 吕新雷. 区域创新能力的影响因素——兼评我国创新能力的地区差距 [J]. 中国软科学, 2010 (9): 76 - 85.

[162] 温忠麟, 侯杰泰, 张雷. 调节效应与中介效应的比较和应用 [J]. 心理学报, 2005, 37 (2): 268 - 274.

[163] 温忠麟, 张雷, 侯杰泰, 刘红云. 中介效应检验程序及其应用 [J]. 心理学报, 2004, 36 (5): 614 - 620.

[164] 吴爱华, 苏敬勤, 杜小军. 专用性投资、知识及环境对合作创新决策的影响 [J]. 管理学报, 2014, 11 (4): 569 - 576.

[165] 吴贵生, 魏守华, 徐建国. 区域科技论 [M]. 北京: 清华大学出版社, 2007.

[166] 吴绍棠，李燕萍. 企业的联盟网络多元性有利于合作创新吗——一个有调节的中介效应模型 [J]. 南开管理评论，2014，17（3）：152-160.

[167] 吴卫红，李娜娜，张爱美等. 我国省域创新驱动发展效率评价及提升路径实证研究 [J]. 科技管理研究，2017，37（5）：63-69.

[168] 吴先慧，吴海燕，陆强，杨武. 我国区域创新体系的影响因素实证研究——以深圳为例 [J]. 科技进步与对策，2011，28（7）：26-31.

[169] 吴泽桐，蓝海林. 战略联盟的知识创造 [J]. 科学学与科学技术管理，2003（10）：49-53.

[170] 肖刚，杜德斌，李恒，戴其文. 长江中游城市群城市创新差异的时空格局演变 [J]. 长江流域资源与环境，2016，25（2）：199-207.

[171] 肖艳红，卢艳秋，叶英平. 面向区域创新系统的逆向知识转移机制研究 [J]. 图书情报工作，2017，61（17）：28-35.

[172] 谢伟伟，邓宏兵，刘欢. 绿色发展视角下长三角城市群城市创新网络结构特征研究 [J]. 科技进步与对策，2017，34（17）：52-59.

[173] [美] 熊彼特著，何畏，易家详译. 经济发展理论 [M]. 北京：商务印书馆，1990.

[174] 熊小刚. "中三角"跨区域创新系统的协同发展研究 [J]. 中国科技论坛，2014（4）：39-44.

[175] 修国义，韩佳璇，陈晓华. 区域创新驱动能力影响因素实证研究 [J]. 金融与经济，2017（5）：49-54.

[176] 徐国军，杨建君. 企业间知识转移、知识库开发与突变式创新绩效 [J]. 软科学，2019，33（3）：40-44.

[177] 徐升华，杨同华，邹家成. 生态产业集群内知识转移影响因素的分析 [J]. 情报科学，2014，32（10）：124-129.

[178] 徐勇，贾键涛. 多元化投资策略对创业投资绩效影响的研

究——基于中国创业投资的经验证据 [J]. 中山大学学报（社会科学版），2016，56（5）：151 –160.

[179] 徐云松. 区域经济理论：历史回顾与研究评述 [J]. 石家庄铁道大学学报（社会科学版），2014，8（3）：8 – 12 +25.

[180] 许云，刘云，贺艳. 北京高校和科研机构跨区域技术转移模式及政策启示 [J]. 科研管理，2017，S1（38）：444 –452.

[181] 许治，陈丽玉. 国家级创新型城市创新能力的动态演进——基于技术成就指数的研究 [J]. 管理评论，2016，28（10）：58 –66.

[182] 许治，邓芹凌. 国家创新型城市创新能力的地区差异与收敛效应——基于技术成就指数的研究 [J]. 科学学与科学技术管理，2013，34（1）：67 –77.

[183] 薛求知，关涛. 跨国公司知识转移：知识特性与转移工具研究 [J]. 管理科学学报，2006（6）：64 –72.

[184] 杨春白雪，曹兴，高远. 新兴技术"多核心"创新网络结构形成的影响因素研究 [J]. 中南大学学报（社会科学版），2018，24（1）：102 –111.

[185] 杨刚，王磊，宫丽莹，张佳硕. 区域创新集群知识转移模式研究 [J]. 图书情报工作，2012，56（20）：97 –102.

[186] 杨洪涛，吴想. 产学协同创新知识转移影响因素实证研究 [J]. 科技进步与对策，2012，29（14）：117 –121.

[187] 杨皎平，李庆满，张恒俊. 关系强度、知识转移和知识整合对技术标准联盟合作绩效的影响 [J]. 标准科学，2013（5）：44 –48.

[188] 杨菊萍，贾生华. 知识扩散路径、吸收能力与区域中小企业创新——基于浙江省 3 个传统制造业集群的实证分析 [J]. 科研管理，2009，30（5）：17 –24 +46.

[189] 杨明海，张红霞，孙亚男. 七大城市群创新能力的区域差距及

其分布动态演进 [J]. 数量经济技术经济研究，2017，34（3）：21 -
39.

[190] 叶江峰，任浩，郝斌. 外部知识异质度对创新绩效曲线效应的
内在机理——知识重构与吸收能力的视角 [J]. 科研管理，2016，37
（8）：8 - 17.

[191] 叶娇，王佳林. FDI 对本土技术创新的影响研究——基于江苏
省面板数据的实证 [J]. 国际贸易问题，2014（1）：131 - 138.

[192] 叶静怡，林佳，姜蕴璐. 知识溢出、距离与创新——基于长三
角城市群的实证分析 [J]. 世界经济文汇，2016（3）：21 - 41.

[193] 叶舒航，郭东强，葛虹. 转型企业外部知识转移影响因素研
究——基于元分析方法 [J]. 科学学研究，2014，32（6）：909 - 918 + 926.

[194] 叶一军，顾新，李晖，陈一君. 跨行政区域创新体系中创新主
体间知识流动研究 [J]. 科技进步与对策，2014，31（18）：45 - 50.

[195] 易欣. 知识转移视角的城市轨道交通公私合作项目合作绩效评
价 [J]. 城市轨道交通研究，2015，18（4）：27 - 33.

[196] 殷婧钰，李柏洲，苏屹，尹士. 知识转移绩效视角下共享心智
模式对企业双元创新的影响 [J/OL]. 科技进步与对策. http：//kns. cnki.
net/kcms/detail/42.1224. G3.20181218.1642.008. html.

[197] 尹极，邓乾旺，李卫明，崔巍. 基于 DEA 的我国 R&D 知识转
化效率评价研究 [J]. 现代情报，2015，35（7）：162 - 166 + 171.

[198] 袁潮清，刘思峰. 区域创新体系成熟度及其对创新投入产出效
率的影响——基于我国 31 个省份的研究 [J]. 中国软科学，2013（3）：
101 - 108.

[199] 袁纯清. 共生理论及其对小型经济的应用研究（上）[J]. 改
革，1998（2）：100 - 104.

[200] 原毅军，黄菁菁. FDI、产学研合作与区域创新产出——基于

互补性检验的实证研究 [J]. 研究与发展管理，2016，28（6）：38 -47.

[201] 曾克强，罗能生. 社会资本与产业结构调整：基于区域和结构效应的分析 [J]. 中国软科学，2017（4）：66 -79.

[202] 詹湘东，王保林. 区域知识管理对区域创新能力的影响研究 [J]. 管理学报，2015，12（5）：710 -718.

[203] 詹湘东，王保林. 知识生态与都市圈创新系统研究—基于文献的述评 [J]. 科学学研究，2014，32（12）：1909 -1920.

[204] 湛垦华，沈小峰. 普利高津与耗散结构理论 [M]. 西安：陕西科学技术出版社，1982.

[205] 张德平. 建立城市技术创新体系 促进区域经济发展 [J]. 吉林大学社会科学学报，2001（5）：124 -129.

[206] 张海涛，吴艳玲. 基于知识势能的高校科研团队内部的知识转移机理 [J]. 图书情报工作，2010，54（20）：110 -114.

[207] 张红宇，蒋玉石，杨力，刘敦虎. 区域创新网络中的交互学习与信任演化研究 [J]. 管理世界，2016（3）：170 -171.

[208] 张洪阳. 区域创新系统的演化研究——基于产业知识基础的视角 [D]. 沈阳：辽宁大学，2015.

[209] 张辉鹏，石嘉兴. 面向知识经济时代的城市技术创新体系 [M]. 北京：中国金融出版社，2004.

[210] 张立柱，郭中华，李玉珍. 山东省城市创新能力评价及"四大创新圈模式"构建 [J]. 科学学与科学技术管理，2006（6）：75 -79.

[211] 张省，顾新. 城市创新系统动力机制研究 [J]. 科技进步与对策，2012，29（5）：35 -39.

[212] 张树静，张秀峰. 城市创新环境对产学研合作创新的影响 [J]. 中国科技论坛，2018（4）：25 -32.

[213] 张向先，李昆，郭顺利，弨元英. 知识生态视角下企业员工隐性

知识转移过程及影响因素研究 ［J］. 情报科学，2016，34（10）：134 - 140.

［214］张晓芬，刘强. 外部知识源化战略、吸收能力对突破性创新绩效的影响 ［J］. 首都经济贸易大学学报，2017，19（6）：63 - 69.

［215］张昕，陈林. 产业聚集、知识溢出与区域创新绩效——以医药制造业为例的实证研究 ［J］. 科技管理研究，2011，31（19）：69 - 72.

［216］张翼鸥，谷人旭，马双. 中国城市间技术转移的空间特征与邻近性机理 ［J］. 地理科学进展，2019，38（3）：370 - 382.

［217］张振刚，林春培，薛捷. 区域创新系统（RIS）内的知识转移研究 ［J］. 科技进步与对策，2011，28（19）：36 - 39.

［218］章文光，李伟. 创新型城市创新效率评价与投入冗余分析 ［J］. 科技进步与对策，2017，34（6）：122 - 126.

［219］赵大丽，高伟，李艳丽. 知识转移方式对区域创新能力的影响研究——基于 2001—2008 年省际数据的分析 ［J］. 科技进步与对策，2011，28（16）：32 - 37.

［220］赵大丽，宋魏巍. 基于 DEA 的我国区域知识转移效率评价 ［J］. 中国科技论坛，2011（11）：75 - 82.

［221］赵凯旭，杨永春，李恩龙，等等. 中国区域创新效率时空演变及其影响因素研究 ［J/OL］. 西北大学学报（自然科学版）. https：//doi. org/ 10. 16152/j. cnki. xdxbzr. 2019 - 03 - 014.

［222］赵黎明，冷晓明等. 城市创新系统 ［M］. 天津：天津大学出版社，2002.

［223］赵黎明，李振华. 城市创新系统的动力学机制研究 ［J］. 科学学研究，2003（1）：97 - 100.

［224］赵林捷，汤书昆. 基于问题情境的虚拟企业学习模型 ［J］. 研究与发展管理，2004，16（5）：26 - 32.

［225］赵顺龙，范金艺. 区域创新系统内以企业为中心的知识转移分析［J］. 科学管理研究，2009，27（6）：65-70.

［226］赵文平，杨海珍. 基于 DEA 的西部区域创新网络效率评价［J］. 科研管理，2016，37（S1）：393-400.

［227］甄丽明，唐清泉. 技术引进对企业绩效的影响及其中介因素的研究——基于中国上市公司的实证检验［J］. 管理评论，2010，22（9）：14-23.

［228］郑寒. 知识联盟中基于知识转移的知识创新过程模式研究［D］. 重庆：重庆大学，2007.

［229］郑琼洁，倪鹏飞，杨旭. 提升东北亚城市科技创新能力的因素探讨——基于结构化方程模型的路径分析［J］. 科技进步与对策，2011，28（21）：39-45.

［230］中国科学技术发展战略研究院. 中国区域科技创新评价报告 2016-2017［M］. 北京：科学技术文献出版社，2017.

［231］中华人民共和国科学技术部. 中国区域创新能力监测报告 2016-2017［M］. 北京：科学技术文献出版社，2017.

［232］周灿，曾刚，宓泽锋，鲜果. 区域创新网络模式研究——以长三角城市群为例［J］. 地理科学进展，2017，36（7）：795-805.

［233］周锐波，刘叶子，杨卓文. 中国城市创新能力的时空演化及溢出效应［J］. 经济地理，2019，39（4）：85-92.

［234］周晓东，项保华. 企业知识内部转移：模式、影响因素与机制分析［J］. 南开管理评论，2003（5）：7-10+15.

［235］周勇，吴海珍，韩兆安. 企业转移模式、本地化嵌入行为与知识转移绩效——基于 SCP 范式的分析［J/OL］. 科技进步与对策. http://kns. cnki. net/kcms/detail/42. 1224. G3. 20190628. 1816. 022. html.

［236］周钟，陈智高. 产业集群网络中知识转移行为仿真分析——企

业知识刚性视角［J］. 管理科学学报，2015（1）：41 - 49.

［237］朱俊杰. 区域创新的动力——基于创新与吸收能力的互动演化视角［J］. 财经问题研究，2017（3）：11 - 18.

［238］朱俊杰，徐承红. 区域创新绩效提升的门槛效应——基于吸收能力视角［J］. 财经科学，2017（7）：116 - 128.

［239］朱鹏颐，刘东华，黄新焕. 动态视角下城市科技创新效率评价研究——以福建九地级市为例［J］. 科研管理，2017，38（6）：43 - 50.

［240］朱文涛，顾乃华. 土地价格与 FDI 的区位选择——基于空间杜宾模型的实证研究［J］. 国际贸易问题，2018（11）：162 - 174.

［241］［日］竹内弘高，［日］野中郁次郎著，李萌 译. 知识创造的螺旋：知识管理理论与案例研究［M］. 北京：知识产权出版社，2005.

［242］左美云，许珂，陈禹. 企业知识管理的内容框架研究［J］. 中国人民大学学报，2003（5）：69 - 76.

［243］左美云，赵大丽，刘雅丽. 知识转移方式的规范分析：过程、方式和治理［J］. 信息系统学报，2010（2）：22 - 36.

［244］左美云. 知识转移与企业信息化［M］. 北京：科学出版社，2006.

［245］Ahn H. J. , Hong J. L. , Cho K. , Park S. J. Utilizing knowledge context in virtual collaborative work［J］. Decision Support Systems，2005，39（4）：563 - 582.

［246］Alavi M. , Leidner D. E. Review：knowledge management and knowledge management systems：conceptual foundation and research issues［J］. MIS Quarterly，2001，25（1）：107 - 136.

［247］Almeida P. , Kogut B. Localization of knowledge and the mobility of engineers in regional networks［J］. Management Science，1999，45（7）：905 - 917.

[248] Andersson U. , Buckley P. J. , Dellestrand H. In the right place at the right time!: the influence of knowledge governance tools on knowledge transfer and utilization in MNEs [J]. Global Strategy Journal, 2015, 5 (1): 27 – 47.

[249] Asheim B. T. , Coenen L. Knowledge bases and regional innovation systems: comparing nordic clusters [J]. Research Policy, 2005 (34): 1173 – 1190.

[250] Asheim B. T. , Isaksen A. Regional innovation systems: the integration of local 'sticky' and global 'ubiquitous' knowledge [J]. Social Science Electronic Publishing, 2002, 27 (1): 77 – 86.

[251] Avadikyan A. , Llerena P. , Matt M. , Rozan A. , Wolff S. Organizational rules, codification and knowledge creation in inter-organisation cooperative agreements [J]. Research Policy, 2001, 30 (9): 1443 – 1458.

[252] Benhabib J. , Spiegel M. M. The role of human capital in economic development evidence from aggregate cross-country data [J]. Journal of Monetary Economics, 1994, 34 (2): 143 – 173.

[253] Brauner E. , Becker A. Beyond knowledge sharing: the management of transactive knowledge systems [J]. Knowledge and Process Management, 2006, 13 (1): 62 – 71.

[254] Byrne J. The virtual corporation [J]. Business Week, 1993 (8): 36 – 41.

[255] Cabrer-Borrás B. , Serrano-Domingo G. Innovation and R&D spillover effects in Spanish regions: a spatial approach [J]. Research Policy, 2007, 36 (9): 1357 – 1371.

[256] Camagni R. Innovation networks: spatial perspectives [M]. London: Belhaven Press, 1991.

［257］Caragliu A. , Nijkamp P. The impact of regional absorptive capacity on spatial knowledge spillovers: the Cohen and Levinthal model revisited ［J］. Applied Economics, 2012, 44 (11): 1363 – 1374.

［258］Chang Y. C. , Chen M. H. Comparing approaches to systems of innovation: the knowledge perspective ［J］. Technology in Society, 2004 (26): 17 – 37.

［259］Cohen W. M. , Levinthal D. A. Absorptive capacity: a new perspective on learning and innovation ［J］. Administrative Science Quarterly, 1990, 35 (1): 128 – 152.

［260］Cooke P. Knowledge economies: clusters, learning and cooperative advantage ［M］. Rout ledge, London and New York, 2002.

［261］Cooke P. Regional innovation systems: competitive regulation in the new europe ［J］. Geoforum, 1992, 23 (3): 365 – 382.

［262］Cooke P. , Uranga M. G. , Etxebarria G. Regional innovation systems: institutional and organizational dimensions ［J］. Research Policy, 1997 (26): 475 – 491.

［263］Cummings J. , Teng B. Transferring R&D knowledge: the key factors affecting knowledge transfer success ［J］. Journal of Engineering and Technology Management, 2003, 20 (1 – 2): 39 – 68.

［264］Cyert R. M. , Goodman P. S. Creating effective university-industry alliances: an organizational learning perspective ［J］. Organizational Dynamics, 1997, 25 (4): 45 – 57.

［265］Dass N. , Kini O. , Nanda V. , Onal B. , Wang J. Board expertise: do directors from related industries help bridge the information gap? ［J］. Review of Financial Studies, 2014, 27 (5): 1533 – 1592.

［266］Davenport T. , Prusak L. Learn how valuable knowledge is acquired, created, bought and bartered [J]. Australian Library Journal, 1998, 47 (3): 268 – 272.

[267] Decarolis, D. M. , Deeds, D. L. The impact of stocks and flows of organizational knowledge on firm performance: an empirical investigation of the biotechnology industry [J]. Strategic Management Journal, 1999, 20: 953 – 968.

[268] Dickey D. A. , Fuller W. A. Likelihood Ratio Statistics for Autoregressive Time Series with a Unit Root [J]. Econometrica: Journal of the Econometric Society, 1981 (49): 1057 – 1072.

[269] Dixon N. M. Common knowledge: how companies thrive by sharing what they know [M]. Boston: Harvard Business School Press, 2000.

[270] Dunnewijk T. J. A. , Hollanders H. , Wintjes R. J. M, et al. The regional impact of technological change in 2020. dg regional study2010 [EB/OL]. http: //ec. europa. eu/regional _ policy/sources/docgener/studies/pdf/2010_technological_change. pdf.

[271] Ebersberger B. , Herstad S. J. , Koller C. Does the composition of regional knowledge bases influence extra-regional collaboration for innovation? [J]. Applied Economics Letters, 2014, 21 (3): 201 – 204.

[272] Eisenhardt K. M. , Tabrizi B. N. Accelerating adaptive processes: product innovation in the global computer industry [J]. Administrative Science Quarterly, 1995, 40 (1): 84 – 110.

[273] Ellinger A. E. Improving marketing-logistics cross-functional collaboration in the supply chain [J]. Industrial Marketing Management, 2012, 41 (6): 929 – 939.

[274] Feng T. , Sun L. , Zhang Y. The effects of customer and supplier involvement on competitive advantage: An empirical study in China [J]. Industrial Marketing Management, 2010, 39 (8): 1384 – 1394.

［275］ Frank A. G. , Ribeiro J. L. D. , Echeveste M. Factors influencing knowledge transfer between NPD teams: a taxonomic analysis based on a socio-technical approachr ［J］. R&D Management, 2014, 45 (1).

［276］ Freeman C. Technology policy and economic performance: lessons from Japan ［M］. London: Frances Pinter, 1987.

［277］ Friedmann J. Regional development policy: a case study of Venezuela ［M］. Mass. : M. I. T. Press, 1966.

［278］ Gibbons M. , Johnston R. The roles of science in technological innovation ［J］. Research Policy, 1974 (3): 220 – 242.

［279］ Gilbert M. , Cordy-Hayes M. Understanding the process of knowledge transfer to achieve successful technological innovation ［J］. Technovation, 1996, 16 (6): 301 – 312.

［280］ Gold A. H. , Malhotra A. , Segars A. H. Knowledge management: an organizational capabilities perspective ［J］. Journal of Management Information Systems, 2001, 18 (1): 185 – 213.

［281］ Gorovaia N. , Windsperger J. Determinants of knowledge transfer strategy in franchising: integrating knowledge-based and relational governance perspectives ［J］. Service Industries Journal. 2013, 33 (12): 1117 – 1134.

［282］ Grant R. M. Toward a knowledge-based theory of the firm ［J］. Strategic Management Journal, 1996, 17 (Winter Special Issue): 109 – 122.

［283］ Griliches Z. Issues in assessing the contribution of research and development to productivity growth ［J］. The Bell Journal of Economics, 1979, 10 (1): 92 – 116.

［284］ Gupta A. K. , Govindarajan V. Knowledge flows within multinational corporations ［J］. Strategic Management Journal, 2000, 21 (4): 473 – 496.

［285］ Hansen M. T. , Nohria N. , Tiemey T. What's your strategy for managing knowledge? [J]. Harvard Business Review, 1999, 77 (2): 106 –117.

[286] Hodgson G. M. Darwinism in economics: from analogy to ontology [J]. Journal of Evolutionary Economics, 2002, 12 (3): 259 –281.

[287] Holsapple C. W. , Jones K. Exploring primary activities of the knowledge chain [J]. Knowledge and Process Management, 2004, 11 (3): 155 –174.

[288] Hoove E. M. , Fisher J. L. Research in regional economic growth [A]. Universities-National Bureau. Problems in the study of economic growth [M]. National Bureau of Economic Research, 1949.

[289] Jaffe A. B. Technological opportunity and spillovers of R&D: evidence from firms' patents, profits and market value [J]. American Economic Review, 1986, 76 (5): 984 –999.

[290] Jaffe A. B. , Trajtenberg M, Henderson R. Geographic localization of knowledge spillovers as evidenced by patent citations [J]. Quarterly Journal of Economics, 1993, 108 (3): 577 –598.

[291] Jakubik M. Exploring the knowledge landscape: four emerging views of knowledge [J]. Journal of Knowledge Management, 2007, 11 (4): 6 –19 (14).

[292] Knudsen H. K. , Roman P. M. Modeling the use of innovations in private treatment organizations: The role of absorptive capacity [J]. Journal of Substance Abuse Treatment, 2004 (26): 353 –361.

[293] Knudsen M. P. , Zedtwitz M. Transferring capacity: the flipside of absorptive capacity [C]. The DRUID Summer Conference, 2003: 12 –14.

[294] Kodama M. New knowledge creation through leadership-based strategic community—a case of new product development in IT and multimedia business fields [J]. Technovation, 2005 (25): 895 –908.

［295］ Ko D. G. , Kirsch L. J. , King W. R. Antecedents of knowledge transfer from consultants to clients in enterprise system implementations ［J］. MIS Quarterly, 2005, 29 (1): 59 - 85.

［296］ Kwan M. M. , Cheung Y. K. The knowledge transfer process: from field studies to technology development ［J］. Journal of Database Management, 2006, 17 (1): 16 - 32.

［297］ Kwon T. H. , Zmud R. W. Unifying the fragmented models of information systems implementation ［A］. Boland J. R, Hirshheim R. Critical issues in information systems research, New York: John Wiley, 1987: 227 - 251.

［298］ Lagerstrom K. , Andersson M. Creating and sharing knowledge within a transnational team—the development of a global business system ［J］. Journal of World Business, 2003, 38 (2): 84 - 95.

［299］ Landry C. The Creative City: A Toolkit for Urban Innovators (1st edition) ［M］. London: Earthscan Publications Ltd. , 2000.

［300］ Lang M. , Deflorin P. , Dietl H. , Lucas E. The impact of complexity on knowledge transfer in manufacturing networks ［J］. Production and Operations Management, 2014, 23 (11).

［301］ Levin D. Z. , Cross R. The strength of weak ties you can trust: the mediating role of trust in effective knowledge transfer ［J］. Management Science, 2004, 50 (11): 1477 - 1490.

［302］ Liebowitz J. Expert systems: a short introduction ［J］. Engineering Fracture Mechanics, 1995 (5): 601 - 607.

［303］ Lin L. H. , Geng X. J. , Whinston A. B. Sender-receiver framework for knowledge transfer ［J］. MIS Quarterly, 2005, 29 (2): 197 - 219.

［304］ Li Y. , Fu Z. A framework of knowledge transfer process in expert system development, wireless communications, networking and mobile computing [C]. International Conference on Shanghai, China, 2007: 5597 – 5600.

[305] Lundvall B. A. National systems of innovation: towards a theory of innovation and interactive learning [M]. London, New York: Pinter Publishers, 1992.

[306] Malmberg A. Industrial geography: location and learning [J]. Progress in Human Geography, 1997, 21 (4): 573 – 582.

[307] Martin X., Salomon R. Knowledge transfer capacity and its implications for the theory of the multinational corporation [J]. Journal of International Business Studies, 2003 (34): 356 – 373.

[308] Mishra A. A., Shah R. In union lies strength: collaborative competence in new product development and its performance effects [J]. Journal of Operations Management, 2009, 27 (4): 324 – 338.

[309] Mukherji N., Silberman J. Absorptive capacity, knowledge flows, and innovation in U. S. metropolitan areas [J]. Journal of Regional Science, 2013, 53 (3): 392 – 417.

[310] Nelson R. R. National innovation systems: a comparative analysis [M]. Oxford: Oxford University Press, 1993: 19.

[311] Nonaka I. A dynamic theory of organizational knowledge creation [J]. Organization Science, 1994, 5 (1): 14 – 37.

[312] Norgaard R. B. Environmental economics: an evolutionary critique and a plea for pluralism [J]. Journal of Environmental Economics & Management, 1985, 12 (4): 382 – 394.

[313] Parent R., Roy M., St-Jacques D. A systems-based dynamic knowledge transfer capacity model [J]. Journal of Knowledge management, 2007, 11 (6): 81 – 93.

[314] Patel P., Pavitti K. National innovation systems: why they are im-

portant, and how they might be measured and compared [J]. Economics of Innovation and New Technology, 1994 (3): 77 - 95.

[315] Perks H., Kahn K., Zhang C. An empirical evaluation of R&D-marketing NPD Integration in Chinese Firms: the Guanxi effect [J]. Journal of Product Innovation Management, 2009, 26 (6): 640 - 651.

[316] Petersen K. J., Handfield R. B., Ragatz G. L. Supplier integration into new product development: coordinating product, process and supply chain design [J]. Journal of Operations Management, 2005, 23 (3 - 4): 371 - 388.

[317] Petlt T. A. A behavioral theory of management [J]. Academy of Management Journal, 1967, 10 (4): 341 - 350.

[318] Piore M., Sable C. The second industrial division [M]. New York: Basic Brookes, 1984.

[319] Poh K. W., Yuen P. H., Singh A. Singapore as an innovative city in East Asia: an explorative study of the perspectives of innovative industries [R]. The World Bank, 2005.

[320] Polanyi M. Personal knowledge: the tacit dimension [M]. London: Routledge and Kegan Paul, 1966.

[321] Polanyi M. Tacit Knowing: its bearing on some problems of philosophy [J]. Reviews of Modern Physics, 1962, 349 (4): 601 - 615.

[322] Richardson H. W. The state of regional economics: a survey article [J]. International Regional Science Review, 1973 (3): 1 - 48.

[323] Shannon C. E., Weaver W. The mathematical theory of communication [M]. Urbana: The University of Illinois Press, 1949.

[324] Smith K. What is the Knowledge Economy? knowledge-intensive industries and distributed knowledge base, Working Paper, 2000. http://xueshu. baidu. com/usercenter/paper/show? paperid = 524c73ba94c664be0c908daea9fc

3460&site = xueshu_se.

［325］ Storper M. , Scott A. J. Pathways to industrialization and regional development ［M］. London: Routledge, 1992.

［326］ StyhreA. Knowledge as a virtual asset: Bergson's notion of virtuality and organizational knowledge ［J］. Culture and Organization, 2003, 9 (1): 15 – 26.

［327］ Swink M. , Song M. Effects of marketing-manufacturing integration on new product development time and competitive advantage ［J］. Journal of Operations Management, 2007, 25 (1): 203 – 217.

［328］ Szulanski G. Exploring internal stickiness: impediments to the transfer of best practice within the firm ［J］. Strategic Management Journal, 1996, 17 (Winter Special Issue): 27 – 43.

［329］ Szulanski G. The process of knowledge transfer: a diachronic analysis of stickiness ［J］. Organizational Behavior and Human Decision Processes, 2000, 82 (1): 9 – 27.

［330］ Teece D. Technology transfer by multinational firms: the resource cost of transferring technological know-how ［J］. The Economic Journal, 1977, 87 (346): 242 – 261.

［331］ Timbrell G. , Andrews N. , Gable G. Impediments to inter-firm transfer of best practice in an enterprise systems context ［J］. Australasian Journal of Information Systems, 2001, 9 (1): 1084 – 1090.

［332］ Tsai K. H. Collaborative networks and product innovation performance: Toward a contingency perspective ［J］. Research Policy, 2009, 38 (5): 765 – 778.

［333］ Un C. A. , Asakawa K. Types of R&D collaborations and process innovation ［J］. Journal of Product Innovation Management, 2014, forthcoming

（1）：138 – 153.

［334］ Williams C. Transfer in context: replication and adaptation in knowledge transferrelationships ［J］. Strategic Management Journal, 2007, 28 (9): 867 – 889.

［335］ Wuyts S., Dutta S. Benefiting from alliance portfolio diversity: the role of past internal knowledge creation strategy ［J］. Journal of Management, 2014, 40 (6): 1653 – 1675.

［336］ Zack M. Managing codified knowledge ［J］. Sloan Management Review, 1999, 40 (4): 45 – 58.

［337］ Zahra S. A., George G. Absorptive capacity: a review, reconceptualization and extention ［J］. Academy of Management Review, 2002, 27 (2): 185 – 203.

［338］ Zhao D. L., Zuo M. Y. Knowledge transferred across projects and its characteristics in an IT service enterprise ［C］. 2011 International Conference of Infomation Technology, Computer Engineering and Management Sciences, 2011.